Thomas Stuke

Spatzenhirn
Miniaturen

Originalausgabe 2019
Copyright 2019 © IL-Verlag
Copyright 2019 © Thomas Stuke
Umschlagbild: Anja Ganster
Buchgestaltung und Satz: lerch buchdesign
ISBN: 978-3-906240-90-9

Thomas Stuke

Spatzenhirn
Miniaturen

Einige Vor-Worte

Satz für Satz ein Spatz. Einen Satz machen, kann ja auch ein Sprung sein. Nach den Darwin-Finken nun also die Stuke-Spatzen? Nein, nichts weniger, vielmehr birgt der Text von Thomas Stuke viele Anspielungen, biographische, theologische, philosophische, kulturhistorische, wissenschaftskritische, ... Satz für Satz ein Spatz.

Die 150 Miniaturen laden dazu ein, selbst ein Spatz zu werden, zu sprechen und hören in einer vermeintlich unbedeutenden Sprache des Tschilpens. Die Spatzen werden da bei der Lektüre oft genug regelrecht unsichtbar als eine Art Engel der Friedfertigkeit. Sie werden dies gerade und genau durch ihr Entschwinden in die Schlupflöcher des Textes, wo der Blick dann wandert durch ein breit angelegtes Szenario von Zusammenhängen, das die „Spatzenlebenswelt" differenziert und für unseren Verstand lehrreich aufschlüsselt. Sokrates und Aristoteles, die De-Konstruktivisten und Augustinus: sie alle sind daher weniger Sprungbretter für den intellektuellen Flug der Spatzen, es sind die Hindernisse, die wir erst überwinden müssen. Thomas Stuke wirft sie hin wie Brotkrumen für die Spatzen.

Was also zeigt sich mir, dem Beobachter, wenn ich beobachte, wenn ich dabei dann aber auch mich beim Beobachten beobachte? Nicht Mythologie oder Geschichte, weder Philosophie, Psychoanalyse oder Methodologie, vielleicht am wirkungsvollsten die Kinderfragen öffnen mir da die Lektüre der Spatzenlegenden. Sie tschilpen nach meiner eigenen Praxis: Geh endlich hinaus und schau her zu uns!

So wünsche ich allen Lesenden viel Spatz beim Weiterlesen, innen und aussen!

Thomas Hilger, Köln, zum 25. August 2018

„*Dass man dem Unglück nicht den ganzen Platz überlassen darf*"

Philippe Jaccottet

Für L., auch einen der Spatzen

Kein einziger Spatz in A. Weniger noch: Nicht ein Vogel auf den öffentlichen Plätzen. Und kaum denk ich dies, hüpft da draussen vor dem Caféfenster ein Sperlingsmännchen auf die Plastikstuhllehne, legt den Kopf auf die Seite und fliegt weiter.

Oder hatte ich ihn mir bloss herbeigewünscht? Doch dann ja auch die jetzt hoch vor dem Grau zirkelnden Schwalben, die kleine Gruppe trippelnder Tauben und die eine niedergehende Krähe, im Sinken die äussersten Flügelfedern wie Landeklappen einzeln austarierend, trimmend. Und das alles wäre dann doch wohl zu viel. Zu viel des Guten.

Die Vögel, sie kommen, und ich sitze hier mit meinem Spatzenhirn; wohin das wohl führen wird.

Jeder Spatz hilft mir, einzugestehen, dass ich eine wertvolle Entscheidung getroffen habe, eine, die einen Preis hat.

Doch so, wie die Tauben mittlerweile in den Städten von Amtes wegen gemeuchelt werden, so verschiebt sich auch in mir zusehends die Optik auf das in der Hand und das auf dem Dach. Bisweilen frage ich mich dann, wieso ich damals den kleinen knopfäugigen Sperling habe weiterfliegen lassen und stattdessen eine dieser breitbrüstigen, kopfruckenden Tauben genommen habe; einen dieser aufmerksamkeitsheischenden, vor sich hin gurrenden Vögel, deren Namen ja eben unwillkürlich die Warnung in mir auslöste, dass sie gehörlos seien und also unerreichbar für all meine Worte.

Aber der Spatz jetzt, er hilft mir, all dies einzugestehen – und noch vieles mehr. Und so, vielleicht, auch, dass ich nie mit Worten je zu ihm zu gelangen vermochte, da er doch ein Vogel ist.

Die Pausen zwischen zwei Hüpfern sind unvorhersehbar von aussen. Wenn ich mir all diese Hüpfpausen als zusammenhängende Choreografie denke, alle Hüpfpausen aller Sperlinge auf dieser Welt, und sie dann entlang der Zeitverschiebung synchronisiere, bleibt auch dieser eine jetzt zuverlässig vor mir sitzen.

Doch dafür müsste er Zuflucht nehmen zu sämtlichen Artgenossinnen und -genossen und sie alle mitsammen müssten ihrer Selbstständigkeit entsagen und miteinander übereinkommen, sie diesem einen männlichen Spatz in L. zu überlassen, auf dass er jetzt einmal sitzenbleibe für eine längere Weile und also ausruhe.

Ich habe schon schläfrig wirkende Sperlinge gesehen, denen die Augenlider sich niedersenkten, nie aber einen mit völlig geschlossenen Augenperlen, es sei denn, der ganze Leib war nurmehr ein Kadaver und so auch der Kopf blicklos. Vom Schlafen der Spatzen wäre noch zu schreiben. Für jetzt begnüge ich mich mit den Hüpfpausen, die unvorhersehbar doch zuverlässig wiederkehren und die Bewegungen eines jeden Spatzen in ein noch zu offenbarendes globales Muster einweben.

Jetzt gerade nimmt ein Sperling ein Staubbad an meiner Seite. Zunächst wischt er mit seinem Schnabel ein paar störende Steinchen aus dem Weg, reckt nochmals den Hals und legt den Kopf auf die eine und dann die andere Schulter.

Es sind ja, bei genauerem, also wahrhaftigem Hinschauen auf sie, keine Schultern erkennbar, sondern der Spatz wendet seinen Kopf ruckartig von Seite zu Seite, legt ihn, wenn überhaupt, nur ahnungshaft auf die Flügelansätze und dann ist er auch schon eingetaucht in den mehligen Puder des kleinstgeschliffenen Staubs. Mit angezogenem Kopf zwischen den ausgespreizten Flügeln wischt und wedelt er, als gälte es sein Leben, um sich, senkt auch nochmals den Schnabel (mit geschlossenen Lidern?), um mehr als das schon Aufgewirbelte um sich in Aufruhr zu bringen, und verharrt dann für einen kurzen Moment wie tot daliegend,

ehe das Spiel aus Kopfrucken, Körperwedeln und Flügelschlagen von Neuem anhebt.

Anders als die Mauersegler, diese tollkühnen fliegenden Fische des Himmels, schlägt kein Spatz die Luft so wild und nervös, dass es ihm möglich würde, seine Insektenbeute im Flug zu erwischen, sondern er kämpft sich tapfer und stetig hinauf ins Blau, als sei in ihm eine Anhöhe zu erkennen, gleitet alsdann auch wieder mit ausgebreiteten Segelflügeln zum nächsten und wieder nächsten Parabolflug, doch bleibt sein Flügelschlagen sympathisch imperfekt, so, als wollten die Spatzen sich als Symboltier eines auch hier nun ausgerufenen „postheroischen" Zeitalters bewerben.

Vielleicht liegt es an den Proportionen von Flugrumpf und Tragflächen, dass mir noch nie ein Spatz „herrschaftlich" oder gar „majestätisch" vorgekommen ist in seinem Fliegen, wohl aber „bemüht" und „wacker". Und wiewohl mir bewusst ist, wie wenig solch anthropomorphes Gerede hinreicht an die Gesetze der Aerodynamik, so freundlich lächelnd lässt mich dieser Gedanke doch stets aufs Neue zurück.

Oder ist es doch eher ein blödsinniges Grinsen – ohne Sinn und Verstand?

Eine Szene hat mich kürzlich so berührt, dass sie Eingang fand in einen Traum:

Auf der Lehne eines Stuhls in der Rheinbuvette sitzt ein Jungvogel, erkennbar an den noch flaumigeren Federn, dem noch nicht klar erkennbaren Geschlechtsmuster der Färbung und dem mir Menschen jetzt gerade so vertrauten Festklammern der Fusskrallen am obersten Holm der Rückenlehne. An seiner Seite landet alsdann ein ausgewachsenes Männchen. Der Jungvogel duckt sich. Der Spatz senkt seinen Schnabel über den geduckten, in die Flügelansätze zurückgezogenen Kopf des Jüngeren. Dann stösst er zu und stopft dem Wicht, der lidschlaggenau den Schnabel aufsperrt, alle mitgetragenen Leckerbissen hinein.

Und im Traum meine ich, an dieser Stelle erstmals Pupillen in den Spatzenaugen erkannt zu haben, die sich lustvoll zum Himmel gedreht haben, und ich weiss zugleich im Traum aber auch, dass Spatzen doch gar keine Pupillen haben, ganz sicher weiss ich das sogar und bin gerade deswegen so, eben: „berührt" von der merkwürdigen Szene.

Von den Sperlingen schreiben kann ich zusammenhängend glaubhaft erst am je folgenden Tag, wenn das bleibende Bild sich erneut zeigt. Heute finde ich selbst in meiner monothematischen Beschränktheit allzu viel belanglose Beiläufigkeiten und weiss mir keinen Rat, welcher davon ich Raum und Wort geben soll.

Wohl hilft mir dann das Verweilen und Innehalten über den Augenblick hinaus, doch allzu oft stellt sich in mir alsdann ein Zuviel der Worte ein und nur wenig später irrlichtert das Wortgehülse um den einen Spatz herum wie enthemmt. Dass dieser aber sitzenblieb und mit seinen Krallen den Zweig umschloss wie einen Faustpfand einer Gegenwart, das half dann heraus aus dem wahnwitzigen Metapherngestöber.

Und als ich viel später auf die Gestalt des heiligen Antonius traf, dem der Isenheimer Wundermaler die Fingerknochen unter der Haut hervortreten liess, seinen Stecken umschliessend angesichts aller Wahngestalten, da gedachte ich dieses Spatzen, der sitzengeblieben war damals, gestern und wohl auch gegen die kommenden Zeiten hin noch wieder, zumindest will ich dies dankbar glauben.

Ein Sperling sitzt so bewegungslos vor mir, dass ich ihn im Braun des welken Grases und dem helleren Beige des Mergelbodens zunächst gar nicht ausgemacht hätte, wäre ihm nicht beinahe das Auge zugefallen.

Und weil diese Bewegung sich im Anschluss so oft wiederholte, dass ich ihr Zählen schliesslich unterliess, so fiel mir auf an diesem Zufallen, dass dadurch der ganze reglose Spatzenkörper sichtbar wurde und lebendig blieb. Und zugleich wusste ich nun, dass Sperlinge Augenlider haben, feine Häutchen, die sich über die Augäpfel legen wie bei unsereinem. Und im Hinsehen auf das Spatzenauge war mir denn auch sogleich, als sei der Spatz müde, ein müder Spatz sozusagen. Und hatte ich das nicht schon oftmals gesagt und dabei nie je an den Vogel gedacht? Doch hier nun, im wiederholten Niedersinken und Aufreissen der rollladengleichen Lidhaut, schien mir der Spatz nicht nur müde, sondern erschöpft und bar aller zum Fliegen erforderlichen Leichtigkeit.

So einen durchmüdeten, erdenschweren Vogel habe ich zuvor und seither nie wieder gesehen, und so verwundert es mich auch nicht länger, dass ich ihn zunächst nicht sah, im Staub des Bodens kauernd, gegen das Verschwinden nichts als den augenblickshaften Lidschlagreflex aufbietend, doch diesen.

In der prallen Sonne sitzen, bis die Schweisstropfen über das Brustbein herunterfliessen, bis Ellenbogen und Kniebeugen sich nurmehr schmatzend bewegen lassen und die Kopfhaut sich anfühlt wie ein vollgesogener Schwamm.

Und dabei jedes Mal froh sein, weder Fell noch Federn mit mir rumtragen zu müssen und stattdessen mich so menschenwohl in meiner Haut zu fühlen wie seit Kindertagen nicht mehr. Und zugleich all die Hunde und Vögel beneiden, die in der Hitze sich nicht anders zu helfen wissen, als sich flachestmöglich auf der Erde auszustrecken und Maul und Schnabel aufzusperren. Wohl ahne ich, dass der Spatz dort im Staub nicht der Inbegriff selbstvergessener Hingabe ist, als der er mir erscheint, doch vermag ich mich nicht zu lösen von dem Gedanken, dass die Tiere in der Hitze weit mehr ausser sich geraten als ich es je vermögen werde.

Und so sehr ich also schwitze und in den Grund sinke und mein Geist in den verrinnenden Salzflüssen dünner und dünner wird, so bleiben mir die hechelnde Hundezunge und der weit aufgesperrte Sperlingsschnabel doch immer Sinnbild für den tatsächlich vom Denken ganz entkoppelten Körper und der Sperling dort in der Sonne mein Idol.

Aus dem Lindenbaum löst sich im Augenwinkel ein Fleck und zieht quer über die Wiese. Mein Kopf fügt sich der Halsdrehung und verschiebt das Gesichtsfeld, so dass ich der nächsten Flugbahn zu folgen vermag, bis diese in einem Haselstrauch endet.

Und mit Hilfe der nächsten und übernächsten schliesse ich, dass ein Schwarm von Spatzen sich aus den umliegenden Bäumen sammelt in diesem Haselstrauch. Dabei genügt mir die nunmehr eingenommene Kopfhaltung, um auch der geringfügig scheinenden Einzelheiten des Fliegens voller Staunen angesichts zu werden. Des unermüdlichen Flügelschlagens, der Körperspannung im langgestreckten, spindelförmigen Leib, des rhythmischen Nachlassens in beidem und Wiederaufnehmens und des dadurch erzeugten Gleichmasses im Absinken und Aufsteigen, währenddessen der Sperling seinen Flug über die Wiese vollendet und im Strauch landet und gleich darauf noch einer. Und ich erinnere mich an das Ziehen von Delphinen und Makrelen unter Wasser und an Schwärme von Staren und Moskitos in den Lüften und an mein je stilles Glück vor den schwebenden Tierkörpern.

Und bis heute weiss ich nicht, ob meine Augen dabei einer steten Geraden folgten oder es dem Sinken und Gehobenwerden gleichtaten und mich bis zum Haselstrauch mitwiegten.

Foto: Guido Schaerli

Der Spatzenstrauch im Vorgarten: am Rand des Kieswegs sammeln sich sommertags mit dem Eindunkeln Scharen von Sperlingen.

Noch nie ist es mir gelungen, den allerersten von ihnen beim Anflug zu bemerken. Immer schon empfängt ihn und mein Zusehen ein mehrstimmiges Tschilpen der Strauchbewohner. Wobei mir der Gedanke sympathischer ist, die Vögel bewohnten ihn nicht nachgerade, sondern bevölkerten ihn als Vorübergehende, eher Strauchbesetzer denn -besitzer. Bisweilen gehe ich in Gedanken an anderes am Haselstrauch vorbei und schrecke dann zusammen vom Auffliegen des ganzen Strauches, der sich zugleich mit meinem Vorbeigehen „flugs" leert. Und für einmal passt dieses Wort so vollständig, dass es sich einstellt und mir die Welt restlos erklärt. Mitten im Schwirren der Flügel stehe ich dann und meine Passage und die der vielen Fliegenden gehen ineinander über. Ich nun gesammelt und sie zerstreut, ich schlagartig zur Ruhe meiner Erdenschwere gebracht und sie alle aufgescheucht durcheinandergewirbelt: Tohuwabohu. Entleert zurück bleiben die Haselzweige, öde und verlassen muten sie mich an.

Und doch findet mein morgendlicher Gang in den Garten den Busch erneut erfüllt vom Kieksen und Knirren der Sperlinge und bleibt mir mein Spatzenstrauch erhalten im ungleichzeitigen Aneinander-Vorübergehen und -Vorbeigeraten.

Passer domesticus und passer montanus sind mir beide gleichermassen lieb geworden. Gehört erster für mich nicht nur zum Haus, sondern recht eigentlich zur Familie, ist mir nie verständlich geworden, weshalb sein kleinerer Bruder sich in unseren zivilisatorischen Steinwüsten nicht heimischer fühlt, und so fand ich denn seinen Namen in meiner Sprache stets passender als den der Fachnomenklatur, und fand ihn denn auch zuverlässig dort in Feld und Flur abseits der Gebirge aus Stahl und Beton.

Doch so wie den Alten die Berge zu unwirtlich schienen, als dass sie diese zu besiedeln unternahmen, so bleibt passer montanus dem Menschen und seinen Sphären ferner. Und so wie sich in allen Tiergattungen Degenerationsformen finden, die ausschliesslich vom Kontakt mit uns Menschen herrühren, so zeigt auch der Haussperling Anpassungen an Müll, Gestank und Lärm, die dem Feldsperling, so hoffe ich, für immer fremd bleiben werden. Und doch: Selbst dem Spatz, der auf der sogenannten „Verkehrsinsel" im weggeschmissenen Frittenrest pickt, bleibe ich freundlich zugetan, so wie es mir ja auch mit den favelados in Belo Horizonte und Salvador da Bahia erging.

Schäbigkeit im Elend war und bleibt mir zugänglicher als Schäbigkeit im Luxus.

Im Zuge des „grossen Sprungs" wurden in China während weniger als zwei Jahren mehr als zwei Milliarden Spatzen getötet. Sie galten neben Fliegen, Mücken und Ratten als diejenigen „Schädlinge", die dem aufstrebenden Wirtschaftswachstum am hinderlichsten im Weg standen. Erst nach dem Tod des Staatspräsidenten wurden die Sperlinge rehabilitiert, offiziell als „Nützlinge" eingestuft und ihre Verbreitung gefördert.

Im Bewusstsein von uns Menschen ist vielleicht noch ein wenig Raum für die Hungersnöte verblieben, die eine Nebenwirkung dieses Weitsprungs waren. Allenfalls in den Kindheitserinnerungen Vereinzelter aber klingt noch das Scheppern und Krachen nach, mit dem die Spatzen damals so lange aufgescheucht wurden, bis sie vor Erschöpfung tot vom Himmel fielen. Dass wir Menschen in die Nahrungskette eingebunden sind, und gerade in der vermeintlich machtvollen end-of-pipe-Position darauf angewiesen bleiben, dass sie hält, sollte seither jedem Kind klar sein. Dass dem aber ganz offensichtlich nicht so ist, zeigt ein Blick in den täglichen Wahnsinn, den mir die Titelseiten entgegenkläffen. Kaum eine der Machthaberinnen dieser Welt missbraucht ihre Position nicht und bleibt ihres Verwiesenseins eingedenk.

In China hat sich die Sperlingspopulation in 70 Jahren nicht vom angeordneten Lärmen der missbrauchten Kinder erholt.

Ein Spatz trinkt, wozu er den Körper über den Kipppunkt seiner Füsse wippen lässt. Vorwärts senkt er den Kopf mit überstrecktem Genick so weit, dass sein Schnabel eintaucht, und nicht immer gelingt es ihm dabei, den Oberschnabel und die Luftscharten am Rande desselben oberhalb der Wasserkante zu halten.

Wann immer ein vermeintliches Anthropozän begonnen haben mag: In solchen Denkfiguren des Ge- und Misslingens offenbart sich sinnfällig eine anthropozentrische Hybris, der das Mass aller ihrer Bewertungen die aus vormaliger Anschauung gewonnene Idealgestalt geworden ist. Was weiss denn ich vom Gelingen des Trinkens eines Spatzen? Rückwärts dann vollzieht der Sperlingskörper eine Überstreckung, die jedem tibetanischen Sonnengruss zur Ehre gereicht hätte, und lässt so das im Schnabel verbliebene Wasser in den Leib hinunterrinnen, der Schwerkraft gehorchend. Recht eigentlich scheint so das eingangs gewählte Verb in jeder Hinsicht verfehlt, wobei mir doch in den Verben seit jeher das Wesen der Bewegung zwischen den Dingen in der Welt aufgehoben zu sein schien. Und so zierte ich mich denn, dieser passageren Fragilität Sinn und Form zu geben, drückte mich um eindeutige Vorgangsbeschreibungen und bin auch jetzt noch unsicher, ob Spatzen trinken.

Zu wenig weiss ich vom Organismus der Spezies, nahezu nichts verstehe ich vom reflexhaften Einverleiben eines Äusseren in denselben. Allein mein Zuschauen und das erinnernde Finden eines Wortes halfen mir dazu, leiteten und verleiteten mich, vom Trinken zu sprechen.

Alle Wahrheiten, die mir das Hinschauen auf die Sperlinge geschenkt hat, sind im Kern nur Klarheiten.

Doch was heisst hier „nur"? Was wäre denn aus irgendeiner Weise der Weltbetrachtung anderes zu ziehen als mehr Klarheit? Wie sähe denn ein mehr als klareres Erkennen aus? Ich vermag nicht anders denn voller Dankbarkeit dem jetzt zu meinen Füssen einherhüpfenden, um sich pickenden Spatz zu folgen. Die Frage nach der Wahrheit bleibt für mich die des Verurteilenden, dem seine Macht nur auf Zeit gegeben war, wie sehr auch immer er sich seiner selbst gewiss zu sein vorgibt. Und dabei steht der andere, dem aufgegeben war, von sich mitzuteilen, die Wahrheit zu sein, ihm unmittelbar vor Augen. Vielleicht lässt sich ja ohnedies nur im Modus der Existenz von Wahrheit sprechen und allein die Verkörperung, die Inkarnation, das Unter-die-Haut-Gehen lässt uns aufrecht stehen vor denen, die sich Urteile alleine anmassen, seien es gewalttätige Männer oder Frauen. Unter die Spatzen zu geraten, hiesse dann, sich klarer darüber zu werden, wie fragil und heiter, wie weltoffen und sich seiner selbst bewusst eine Ahnung essenzieller Wahrheit sein müsste, sollte es dergleichen denn doch geben sub specie aeternitatem.

Ich für meinen Teil bleibe hoffnungsfroh, dass mein denkwürdiges „nur" des Beginnens ein reinigendes, alles wesensandere ausschliessendes sei und also mein Hinschauen erwidert bleibe vom unaufhörlichen Zurückschauen der Welt und der Spatzen.

Der Mann einer Freundin ist früh verstorben und in den Wochen, die auf seinen Tod folgen, fliegt nicht ein einziger Sperling in die riesigen Kornspeicher ein, die gerade jetzt zur Erntezeit täglich gefüllt werden. Und der Sohn, über Nacht Waise und Erbe geworden, wundert sich, mehr noch als ich, der die „Heerscharen", von denen er erzählt, nie gesehen hat, und dem die „Plage" der „alles vollscheissenden Spatzen" unbekannt ist. Zwischen Gebläsen, Verteilerrohren und Kippladern sei der Vogelkot stellenweise zentimeterhoch gelegen und jetzt: kein Spatz nirgends.

Kahl und leer ist die grosse Halle, so übervoll sie vor mir liegt. Den Hall meiner Schritte schlucken die Kornmassen. Leblos angesichts der gigantischen Fruchtbarkeit wirken Halle, Bauer und ich. Ohne Töne, ohne Laute stellt sich in mir nirgends die sachte Freude ein, die raschelnde Buchenblätter, rieselnde Strandkiesel oder rinnende Bergwasser in mir bewirken.

Dankbar bin ich daher dem einen Sperling, der schliesslich über uns ins Gestänge des Baus einflog, tschilpend, flügelschlagend, mit den Winzkrallen auf den metallenen Rohren scharrend. In der Rapssaat sitzt er nun, und ich meine ganz sicher, seine Hüpfsprünge zu hören und werde „also", auf diese Weise und für einmal auch folgerichtig, glücklich.

Ein Spatzenpaar fliegt am Rheinufer entlang und in mir klingt „Little trip to heaven on the wings of your love" an und nach.

Oder *erklingt* es nicht allererstmals in mir? Und werde ich später Auskunft geben können, ob die Melodie vor oder mit oder nach der Bewegung des Paares hin zu meinem Platz am Wasser vernehmbar wurde? Jetzt habe ich meine Freude an ihnen, wie sie da einherhüpfen und um sich äugen, der eine dem anderen folgend, dann fliegt dieser kurz auf, nur um sich schon wieder umzublicken hin zu dem, der auch bereits niedergeht. Und so weben sie eins ums andere eine Hüpfspur in den Kies, in der die himmlischen Phasen keine Spur hinterlassen, wohl aber dem Miteinander Richtung und Rhythmus geben. Und darin eben mag denn der grosse B. dialektisch geirrt haben (denn auch davon wäre dereinst zu berichten: von der Dialektik des denkenden Irrens): Statt den weiten Bögen der Kraniche nicht dem praktischen Hüpfschwirren der Sperlinge mehr seiner Aufmerksamkeit geschenkt zu haben. Welchen Vers für L. hätte wohl dies allererst in ihm ermöglicht?

„Little trip to heaven"

Ein kleiner Himmelsflug bleibe dir allezeit
so du deine Schwingen öffnest
lebensmutig meinem Blick standhältst
uns weiterhilfst
trotzend der Erdenschwere
bleibe er dir zugesagt
hoffentlich.

Noch nie habe ich auf See einen Spatz angetroffen.

Seevögel aller Art weit ausserhalb jeder Meilenzone, auch eigentliche Landvögel wie Feldlerchen und Mauersegler, die über festem Land so menschenbeeindruckend fliegen, dass diese ihnen Namen gaben, die künden von ihrem Fliegen über der Erde. Auf dem Meer dann trugen sie noch etwas mit sich zu mir von Ackerkrumen und Saumpfaden, Waldrändern und Strassenschluchten, und so blieb ich mir auch weit auf See des Getragenseins sicher und nie schwindelte mir über den Tiefen. Aber einen Sperling fand ich nirgends, wenn mein Schiff einmal seinen Kurs auf dem offenen Meer angelegt hatte und selbst beim Angeln vom kleinen Boot aus, doch meist noch in Sichtweite vom Ufer, liessen sich alle möglichen Vögel zum kurzen Rasten auf dem Bootsrand nieder: Rotkehlchen und Goldammern, Zeisige und Bachstelzen waren darunter, Winzigvögel, aber nie auch nur ein einziger Sperling. Windzerzaust, flotschnass hätte ich ihn doch sicher erkannt, allein: er blieb aus.

Weshalb mir beides so lieb wurde: die Sperlinge und die weite See, vermag ich nicht zu sagen. Wie froh bin ich, wenn sich ein Spatz oder gar eine kleine Schar einstellt und kurz zu mir herüberäugt, der ich mir einen Platz am Spülsaum gefunden habe, froh in meinem Zurückschauen zu ihnen.

Spatzen als Plage – wie widerstrebend schreibe ich das, hatte ich mich doch allzu oft erbost über die Vogelfeinde, die sich ihres eigenen Vertriebenseins nur ausagierend vergewisserten.

Die Sperlinge waren vor uns da, und allem anthropozäischen Gedenke zum Trotz, oder weniger: unbeeindruckt von diesem, werden zumindest einige von ihnen uns als Spezies wohl auch überdauern. Solche Menschen waren mir stets in aufrichtiger Verachtung zuwider. Und jetzt bin ich in mir über nahezu zwei Stunden mehr als nur Anflügen eines Einverstandenseins mit ihnen angesichtig geworden. Ich habe die Sperlinge, die fortgesetzt und enervierend, provozierend aufdringlich auf Stuhl und Tischkante, Brotkorb und Tellerrand sich einfanden, wieder und wieder vertrieben, unwillig aufgescheucht mit der wedelnden Hand. Kein fasziniertes Staunen mehr über die Scharen krumenpickender Spatzen auf der ausgestreckten Kinderhand, wie noch wenig zuvor, sondern Unmut und Ärger lenkten meine Aufmerksamkeit fort aus dem doch so guten Gespräch.

Und in dem Mass, in dem ich die Spatzen vertrieb, wurden weniger diese als ich selbst verstörter und aufgebrachter, vertrieben aus meinem Einverstandensein mit der Welt, zur Plage für Spatzen und Menschen.

Bild: Hans Georg Aenis

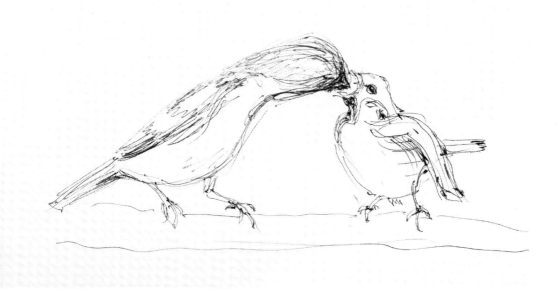

Das Weibchen nennst du Spatz, und dann das Männchen wieder ebenso."

„Und dann?" lässt Aristophanes seinen Sokrates hinterlistig fragen und also hebt die fundamentale Differenzierung an und tritt zutage das bei den Himmelsstürmern Gelernte als das, was wir seither besser auszudrücken vermögen und nicht sogleich wieder vergessen haben, was aber keiner von uns Nachgeborenen je besser begriffen hat: dass Spatz und Spätzin zweierlei Geschlecht tragen und also um der Unterscheidung willen auch einen erkennbaren Namen. Zeugen die Namen „Strepstades" und „Pheidippides" bei heutigen Hörenden noch vom Geschlecht ihrer Träger? Zeugnis- und Zeugungsfähigkeit nur den Spatzen, „der Frauen schändlich Tun und lüstern Wesen" allein den Spätzinnen zuzuschreiben, wird wohl kein sehender zeitgenössischer Mensch zurückfordern wollen. Doch wie antworte ich dem Sokrates heute?

Ich will ja das Auffindbare wiedererkennbar benennen und also zugänglich bleiben in der Sprache, deiner und meiner, und will dich wiederfinden nicht im „Chor der Weiber", sondern als „Frau", und nicht gar zum Orsilochos hinabfliegen mit den Spatzen, wie weiland Lysistrate es suchte zu wehren, indem sie diese an den Haaren zurückriss und also am Ehebruch hinderte für eine Zeit.

Heute auf dem Trottoir die beiden Spatzen, hüpfpickend um die weggeworfene Tüte chinesischer Nudeln und flugs die anderen und immer weitere, den Fund eifrig umkreisend.

In ihrem rasch aufeinanderfolgenden Niederbeugen und Aufrichten und Weiterpicken stellt sich in mir als anderes Bild das der chinesischen Landarbeiter ein, die sich gebückt, rhythmisch voranschreitend über ein Reisfeld hinwegbewegen. Und dabei hatte ich doch die gelbe Aufschrift: „Chinese Noodles" auf der blauen Verpackung noch gar nicht entziffern können, wie sie da kopfüber lag und zudem die Spatzen meine Aufmerksamkeit ganz zu lenken schienen, wie sie so wunderbar ansatzlos einherhüpften rund um die glitzernde Tüte. Und wie ich mich dann niederbückte und die Packung aufnahm, und all die herbeigeflogenen Sperlinge mir – zumindest schien es aus den Augenwinkeln so – mit aller Aufmerksamkeit dabei zusahen, und sie subito alle zugleich niedergingen auf den Haufen Nudeln, die ich aus der Tüte entleert hatte auf den Gehsteig.

Nichts nimmt mich je so ein für euch Spatzen wie diese Bereitschaft in mir, mich unsicher werden zu lassen über die Herkunft der Bilder, die Abfolge des Verstehens und die freudige Anerkennung der Sinnlosigkeit, mir meiner Worte je sicher werden zu wollen.

Wie klingt das Niedergehen einer Schar Spatzen auf dem Platz vor mir? Ich weiss es nicht.

Alles was ich dazu zu sagen vermag, erschöpft sich in Metaphern. Die indes stöbern so wild im Bildgedächtnis, dass nur der starre Blick auf die Vögel vor mir sie bannt. Sonst rauscht das Wasser über die Kiesel in der Bachkehre, rollen die Blätter unter der Böe vor dem Sturm, geht der Regenstoss nieder auf den schindelgedeckten Unterstand, doch kurz nur jeweils, schockartig, so dass kein Bild je sich entfaltet und bleibt. Und die Spatzen sind ja auch schon nicht mehr da, und ihr Auffliegen, erneut so gleichzeitig wie zuvor ihr Eintreffen, löst eine neue Kaskade von irrlichternden Vergleichen aus, die wie ein schaler Geschmack im Mund sind, nur ein Nachklang der Herrlichkeit, die mir die Spatzen waren und wieder und wieder sein werden.

Vielleicht ist das auch gut so, sicher sogar ist es das, denn so bleiben mir ja die Sperlinge in ihrem Eintreffen und Weiterfliegen freundlich unfassbar und so freue ich mich also wirklich jedes Mal aufs Neue über den Klang ihres Kommens und Gehens und ich freue mich *auf* ihn in den seltenen Momenten, in denen ich sie herbeifliegen sehe oder gar erahne.

In der Frühe stellt sich auch auf der ägäischen Insel zuverlässig die Handvoll Spatzen ein, mit denen der Tag sich mir öffnet.

Der Sonnenaufgang, das Abflauen des Windes, selbst das mir zuwachsende Leuchten über der jetzt ruhiger die Küste entlangziehenden Dünung; alles, was mich doch je schon für sich ermutigend in einen neuen Tag hineinnimmt, indem es die Schrecknisse der Nacht und jedwedes Übel der vergangenen Tage aufhebt: Sie alle lassen mich nicht so getrost dem Neuen begegnen wie diese vier Spatzen in den untersten Zweigen der Pinie und die zwei, die jetzt hinzukommen für mich. In elegantester Formation lassen sie sich niedergehen vor den Stufen jenseits der Mauer, unbeachtet von ihren Artgenossen, nur mir im Hinübersehen gegenwärtig.

Wie werde ich meiner Dankbarkeit für die Morgenspatzen dereinst Ausdruck geben können? Was sie mich gelehrt haben, hatte noch niemand geschrieben, und die Anmut ihrer Bewegungen blieb in mir noch Jahre später lebendig. Wie könnte ich bestehen ohne sie? Wie vermöchte ich den Tagen und Nächten zu trauen ohne das Tschilpen und Einherfliegen der Spatzen?

Im Schwarm fliegende Vögel schreiben dem Himmel mit breitestem Pinsel ihre Signatur ein.

Wann immer sich Stare und Lerchen, Kraniche und Störche sammeln und anheben zu ihren wie Übungsflügen anmutenden Bewegungen in der Luft, in denen sie sich einstimmen auf die kommende Reise, verschieben sie für diese Zeit den sonst allgegenwärtigen Bund von Rahmen und Spiegel. Für diese Zeit und somit dann für immer ist seither nicht ausgemacht, wie die Grenzen eines Systems erfasst werden können, worauf ich meine Aufmerksamkeit zu richten hätte, wollte ich es beschreiben. Und so wie der Rahmen nur die Grenze zu sein vermag zwischen Innen- und Aussenwelt, so wie im Spiegel nur das aufscheint, was sein Jenseits wäre,

so bringt der jetzt vor mir drehende Schwarm aus hunderten von Spatzen die Gewissheit mit sich, dass der Sperling ein grenzenloser Vogel ist, und ich es, seiner angesichtig, immer noch zu sein vermag.

Kaum ist der Spatz gelandet, wippt er zwei-, dreimal mit dem Schwanz nach oben und pendelt so den Schwung seines Körpers aus, bis seine kleinen Krallenfüsse genug Halt gefunden haben. Erst dann schaut er sich um.

Ist es in mir ruhig und heiter, so sehe ich ihn als fröhlichen Herumtreiber. Doch jede Unruhe in mir lässt mich auch sein Kopfrucken und Halsstrecken als nervösen Ausdruck eines angestrengten Lebens deuten, in dem schon frühmorgens die Arbeit beginnt. Wie anders jetzt, wo er seinen Kopf wendet scheinbar ohne Not, den Körper auf den Füsschen eingesenkt, das Kopfrucken rhythmisch, sein Halsstrecken vorwitzig: Schaut her, hier bin ich! Hat auch nur einer von euch einen so schönen Tag wie ich vor sich?

Wie der Sperling sich einpendelt, so wechsel auch ich meine Anmutungen, bin jetzt angespannt und kaum später auch schon gelöst in mir. Wie entkommen der deutenden Anschauung; wie der Verunsicherung trotzen und eine Haltung gewinnen und wahren – für dieses eine Mal? Ach, wüsste ich doch, wie Leben gelingt im Sperlingsmodus. Ich übe mich ein im Hinschauen und finde je länger je rascher Halt – und so nicht in den Spatzen, so nimmermehr.

Im Geäst sich verstecken, wohlwissend, dass wir sichtbar bleiben, Zweig an Zweiglein nutzt mir, verschiebe ich mich seitwärts, rücke hinaus und stammabwärts, verliere hier eine Feder, nehme dort etwas von der Rinde des Baumes mit mir, zumeist ja unbeabsichtigt, doch auch das weht mir nun hinein ins Buch. Wie werde ich wohl wieder hinaus geraten?

Das Sperlingsweibchen beugt sich kopfüber und äugt zu mir herunter: Es weiss ja, dass ich es ihm gleichtue und ich ahne für jetzt zumindest seine Ähnlichkeit. Vertrauen haben wir beide über die Jahre gefasst in die sachten Übergänge. Zwischen den schwankenden Ästen finden wir hin und wieder die Möglichkeit für einen unverhofften Durchschlupf. Zwingt der Wind den ganzen Baum, sich vor ihm zu beugen, so schmiegen wir uns umso enger in eine Kuhle, die wir gefunden haben vor einiger Zeit auf unserer Suche entlang des Stammes.

Und wir mögen die Katzen nicht, die allen schmeichelnden, vögelmeuchelnden Verwöhnten.

Am Morgen nach dem Sturm ist der Himmel leer und der Strauch vor meinem Haus steht da ohne einen einzigen Spatz.

Schon will ich diesen Tag abschreiben, als dann doch zwei Sperlinge kurz nacheinander herfliegen zu mir und so nah wie noch kaum je zu Beginn des Tages. Sie strecken sich je zwei Mal: Zunächst aus den Beinen heraus, alsdann aus dem Rumpf über den so und nur so erkennbaren Hals bis in die Schnabelspitze, so will mir scheinen. Und in ihrem gleichzeitigen Erscheinen trösten sie mich denn auch doppelt: Weniger als Summe zweier Impulse, wohl aber in ihrer gemeinsam auf engstem Raum nun entfalteten Gestalt. Als Hüpfgemeinschaft und Zwilling der Wiederkehr. Ich freue mich an ihrer Paarschaft, dankbar, mich nicht vorschnell meinem Urteil über den neuen Tag überlassen zu haben. Und paradoxerweise hinterlässt nun auch der nächtliche Sturm in mir ein ähnliches Einverständnis.

Vielleicht bleiben von allen Spatzen, die ich je sah, aufs Ende hin diese beiden, die, wie auch immer, Nacht und Sturm überstanden hatten und sich mir zeigten, tröstlich, warnend.

Entlang der Schattengrenze hüpft der Spatz.

Er weiss sich hier wie ich sicher vor Hitze und Katzen, den streunenden Meuchlern und Tagdieben. Er nimmt meine Aufmerksamkeit für jetzt und nicht wie diese stets länger als mir lieb ist. Und im Übergang finde ich sicher das eine und andere Wort für die Dinge der Welt und ihre Bewegungen in mir, wie auch der Spatz hier sich nährt von unbedacht Fallengelassenem, von ihm und seinesgleichen selten willkürlich Überlassenem. Und doch findet er sich also ein Frühstück und Mittagsmahl im Einherhüpfen. Wenn er, wie jetzt, für eine Weile innehält und so auch ich vor ihm, wandert die Schattenlinie ein Stück weiter. Diesseits bleibt die Welt lesbar, dort im Zwielicht offenbart sie sich zuweilen allererst in die Sprache hinein. Und so wird mir der Spatz zum Passagentier, dass weit unheimlicher als Sphinxen und Basilisken auf uns wartet im Halbdunkel. Und was mir gerade noch freundlich schien an seinem Hüpfen wird mir zur Drohgeste und lässt mich zurückscheuen.

Lieber schliesse ich meine Augen nicht, im Senken der Lider die schwankenden Gestalten schon ahnend, lieber schaue ich auf den Spatz. Und siehe: Da fliegt er!

Foto: Guido Schaerli

Wann endet der Hüpfweg eines Spatzen auf der Erde? Nicht im transzendenten, sondern im gänzlich vormetaphysischen Sinn. Eine Folge von drei, vier seiner ansatzlosen Kürzestsprünge mündet so oft in eine Sitz- und Blickpause, an die sich erneut mehrere Sequenzen von rasch aufeinander folgenden Hüpfern anschliesst. Im Auffliegen dann schliesst sich die Gestalt, und für den flatternden Sperling ist die Erde immer schon zu schwer gewesen.

Welcher der vielen Vögel aber ist zugleich so sehr auf der Erde daheim wie der Spatz? Und für dieses eine Mal widert mich das „Daheim-Sein" kein bisschen an. Oh Sperlinge, fände sich doch endlich unter all den antiken Fresken von Schwalben und Delphinen auch die eine, die zeugt von euren Wegen auf *und* über der Erde. Kein Tier, das ich je sah, ging so voraus und blieb zugleich so zurückgebunden an den Staub, in dem wir alle sitzen.

Wie tröstlich für die, deren Gehen weiterdrängt. Wie mahnend für dich, wann immer du dich aus dem Staub zu erheben glaubst und als solcherart Überheblicher endest – noch vor dem ersten Flügelschlag, mit Glück hüpfend.

Von den Spatzen habe ich nun geschrieben, jeden Tag, seitenlang. Und wohl auch nichts weniger als das, da uns ja vielleicht doch nicht gegeben ist, ihrer Welt in Worten uns zu nahen.

Es waren denn auch vor allem die unaufdringlich gefundenen Figuren, die sich mir zu Sätzen fügten. Wann immer ich sie niederschrieb, blieb gleichwohl ein zagendes Unwohlsein am Rand der Sprache, ob die leisen Laute nicht immer noch zu lautstark seien für die tröstliche Anmut der Sperlinge. Und auch wenn sich mir ihr Tschilpen, Halsstrecken und Auffliegen zu den verlässlichsten Bewegungen fügte, denen ich noch zu folgen vermochte in verwirrenden Zeiten; und selbst wenn dann du meinem haltlosen Wortsuchen dein Wohlwollen schenktest, vermochte ich doch nur selten genug den Glauben zu bewahren an das Band zwischen deinen und meinen Fingerspitzen, entlang dessen die Spatzen flogen, hin und her zwischen uns und so uns diesen Zwischenraum öffneten als einen, in dem sich leben liess für eine Zeit unter ihnen auf der Welt

und zuweilen, flügelschlagend, auch augenblicksweise über ihr.

Der spindelförmige Körper der Sperlinge erscheint mir so vollkommen an diese Welt und den in ihr für alle Formen von passer gegebenen Lebensraum geeignet zu sein, dass ich mir keinen evolutionären Anpassungsprozess denken kann, innerhalb dessen diese Gestalt entstanden sein mag.

Vielmehr bestärkt mich jeder Spatz in der Idee einer Schöpfung, in der er sein Aussehen unmittelbar fand. Zu diesem Eindruck trägt auch das gänzliche Fehlen eines Gedankens an Perfektibilität bei, der sich doch in mir sonst stets einstellt und mich zwanghaft nach Optimierungspotenzialen, und seien es auch kleinste, Ausschau halten lässt. Wie anders der Spatz: Vor ihm bin ich stets dankbar, zuweilen bis zur Erschütterung, und bleibe es zuverlässig.

Und so merkwürdig andere Lebensformen mir erscheinen und so kritisch ich dem Zustand der Welt folge, so vollständig geglückt ist mir dann wieder all dies im Hinschauen auf den einen Sperling, der jetzt am Rand des Daches sitzt und jetzt auffliegt.

Der Säulenheilige ist eine Figur, die unberührt von äusseren Einflüssen auf seinem einmal eingenommenen Ort verharrt. Sicher gab es in fernen Kulturen früherer Zeiten dergleichen auch unter Menschen.

Wie aber ich mir ein Spatzenhirn zu verschaffen vermöchte, dass die gewählte Position hält, was auch komme, das weiss ich nicht. Der Sperling dort im Ufersand indes hat jetzt nichts anderes mit sich und der Welt zu schaffen als ein Wenden seines Kopfes, das ihm genügt, um sozusagen „im Bild" zu bleiben. Und wenn er verschwindet, so mag er wohl wirklich aus diesem getilgt worden sein. Kaum jedenfalls scheint mir vorstellbar, dass er, der dort sass und gezählte zweiundneunzig Ruckbewegungen seines Schädels lang auch nicht einer einzigen Bewegung der Krallenfüsse im Sand Raum gab, doch fortgeflogen sein soll.

Zeige man mir den Augenblick, in dem sich seine Gestalt auflöste. Beweise mir jemand ein Wunder aus Turin anhand der getilgten Positivlinie, die doch nichts anderes zu zeigen vermag als das, was nicht mehr ist, doch sicher war.

Noch nie habe ich die Faszination nachzuempfinden vermocht, die für so manche Zeitgenossen (und ihre zwangsbeglückten Söhne) von einem Flugtag auf der örtlichen Militärbasis ausgeht. Kahl, dumpf und naiv wirkt auf mich das Dröhnen der Motoren und das – hier für einmal im Wortsinn treffende – „ohrenbetäubende" Manövrieren der stählernden Ungetüme, die einzig die promethische Frage nach dem Wahnsinnigen zurücklassen, der sich als erstes entschloss, Mehrtonner über die Erde zu erheben.

Und wie gänzlich anders jetzt die eine Bewegung der wohl zwanzig Spatzen, die gleichzeitig sich abstossen von ihren Sitzorten und schon im Auffliegen in nur einer gemeinsamen Drehung einschwenken auf ihren nirgends ablesbaren Kurs über den Pinienwipfel, um jenseits dessen die Länge der Bucht zu queren, ehe meine Augen zu schwach sind, ihrem Fliegen zu folgen.

Möge die koordinierte Macht mit denen sein, denen ihre lautstarke Demonstration Halt zu geben scheint, und möge die Anmut denen verbleiben, die dem Flug der Spatzen zu folgen suchen.

Man nehme je einen Finger jeder Hand, lege ihn in die äussersten Mundwinkel, ziehe alsdann diese auseinander, bis die Spannung schmerzhaft wird, und suche dann das Kinderspiel wieder aufzuführen, in dem wir uns schier unermüdlich wechselseitig zu Lachsalven antrieben, damals als wir jung waren und fast völlig unbeschwert von allem, was kommen sollte. Dass ein „P" als Pralllaut gespannte Lippen erfordert: Was wussten wir davon? Und nahezu ebenso wenig vom lustvollen Einsenken der Körper ineinander, so dass uns jede seichte Andeutung zuverlässig in peinliches Gelächter münden liess, um so nur ja den sonst allzu peinigenden ganz anderen Gefühlen zu entgehen.

Wieso nur wählten wir uns stets die Spatzen als Subjekte unseres verfänglichen Satzes, in dem doch allein das Verb die Last und Lust unserer akrobatischen Bemühung trug? Und wie erklärt mir ein ornithologisch oder anthropologisch Bewanderter das völlige Fehlen der antiken Gelüste des Orsilochos in unseren heutigen Sperlingssprüchen?

Und gerade jetzt kommen die Spatzen zurück und picken erneut zu meinen Füssen.

Kaum gelandet, wetzt der Sperling seinen Schnabel am Zweig, der ihn trägt. Recht eigentlich reibt er ihn beidseitig so lange, bis sich endlich in mir das martialische „Wetzen" einer zu schärfenden waffentauglichen Schneide einstellt. Und richtig knackt er (der gleiche Vogel) wenig später die liegengelassenen Brotkrumen mit seinen Schnabelrändern, als seien es die Schädel seiner Besiegten.

Oh, wie sacht liegt doch der Spatz in meiner Hand! Und mögen auch all seine Federn und Knochen zusammen weniger als fünf Gramm wiegen, ich mag ihn nicht eintauschen gegen die Wappenvögel aller sich unablässig gegeneinander wappnenden Heldennationen. War je der Spatz Idol einer Menschengemeinschaft? Und wer nebst mir zöge denn hinauf zum Berg, auf dem diese Stadt dereinst errichtet würde? Adler und Falken suchen sie sich aus über die Jahrtausende hinweg; doch dass der Sperling womöglich weiss um den Zweig, der ihn trägt und sich also mässigt in seinem Reiben des Schnabels, darüber scheint keiner meiner Artgenossen je nachgesonnen zu haben.

Nehmt doch einen der Federbüschel in eure Hand und schleudert ihn für dieses eine Mal nicht gegen den nächsten Stein.

Heute der eine Sperling in der Luft über dem theatron des antiken Thira, hoch oben nach dem Aufstieg und meinem abermals stündigen Umherlaufen zwischen den Ruinenresten, die ein gnädiger Vulkanausbruch verschonte und ordnungsliebende Archäologen systematisch aufreihten.

Das Halbrund des Theaters öffnet sich zur steil aufragenden Bergkuppe und jenseits der Szene fällt der Hang weit ab bis zum Meeresspiegel und wohl weit tiefer noch. So wenig mir all die liegengelassenen Säulenreste „sagen", wie man so sagt, so sprechend wird mir das Theater der vormals inselbeherrschenden Stadt durch das Auffliegen des Spatzes aus der Pinie und durch sein Flattern im Wind über dem Schauplatz und durch seine Rückkehr mit dem Wind zwischen die Zweige.

Und all das versöhnt mich zwar nicht mit der erschreckend offensichtlichen Sinnlosigkeit von dreieinhalbtausend Jahren menschlicher Mühsal, wohl aber schenkt mir der Spatz, wie er jetzt immer noch und wieder in die Luft sich aufschwingt, einverstanden zu sein mit all dem, heiterer, gelassener hinabzusteigen vom Berg.

Wie schwer bleibt es mir, Menschenansammlungen zu ertragen, ob ich auch immer weiss um mein Ziel jenseits oder zur Not gar inmitten ihrer.

Dabei ist mir im Umgang mit meinesgleichen alles nur Misanthropische, Gott sei Dank, selbst über die Jahre fremd geblieben und nachgerade zum Beleg geworden einer im Grunde selbstgefälligen Haltung. Vielleicht liegt es aber ja auch schlicht daran, dass mir die Ziele solcher Aufläufe, seien es Open-Air-Konzerte, Sportwettkämpfe oder die öffentliche Zurschaustellung von zu Berühmtheit gelangten Zeitgenossen bis heute suspekt geblieben sind, und allenfalls die Gemeinschaft allererst stiftende Versammlung im Angesicht des Allerheiligsten die Anwesenheit der Vielen zur Erträglichkeit steigert und mir solcherart dann auch dankbar kenntlich macht.

Doch wenn, wie jetzt im Eindunkeln, die tagsüber so schäbigen Eukalyptusbäume am Hafen sich unter den Scharen über sie hereinbrechender Sperlinge wiegen, bedrohlich schwanken gar, so der eine oder andere der Nachtschwärme sich es noch einmal anders überlegt und den Schlafbaum wechselt, und wenn all diese Spatzen ihr Tschilpen darin zu einem melodiösen Singen steigern, so werde und bleibe ich froh über die Ansammlung grosser Massen.

Bild: Regula Rappo

Voll Eifer flattert der eine Spatz im schwankenden Geäst wie inmitten tosender Wasserstürze über ihm, und die anderen zwei jetzt keifend, wetteifernd gegen den anbrausenden Wind und gerade darauf gleichmütig um sich blickend, ihrerseits schwankend zwischen Stiegen, die jetzt noch Halt gaben, jetzt aber Sicherheit nurmehr heischend hinab und hinab sie wirbelnd auf andere nur vorläufige Ruheplätze.

Und so, in immer schwächerem Licht, wird die Welt zu ihren Füssen lauter und finden sie hier oben endlich zur Ruhe, nur vereinzelt noch tschilpend zuletzt. Zu zweit singen sie einander in den Schlaf oder rangeln noch um die ein wenig bessere Position im Nadelgestrüpp. Über zweihundertfünfzig Spatzen habe ich gezählt auf nur einem geschätzten Achtel der gesamten Wipfelfläche und über meinem Zählen haben sie sich ihren Platz gefunden und sind ruhig geworden.

Wenn jetzt einen kurzen Augenblick lang unter ihnen kein Omnibus dröhnt, kein Motorrad krakeelt und auch die palavernde Touristengruppe weitergezogen ist, vermeine ich noch hin und wieder ein vereinzeltes Zurechtrücken zu vernehmen, dann aber wieder auch nichts ausser dem lautlosen Wiegen der Zweige im Abendwind.

Oh, wüsste ich dir doch zu schreiben von der zaghaften Freundlichkeit der Spatzen! Aufs Ende hin bleibt ja allzu wenig sonst.

Vielleicht eben der eine tragende Ton, von mir gehört im Kieksen und Fiepen der Morgenspatzen. Ich will es wohl glauben, so wie sie jetzt im Licht der steigenden Sonne auf mich zuhüpfen zu dritt, den Kopf auf die Seite legen, zu mir hinaufäugen, ob ich einer der ihnen wohlgesonnen bin oder nicht. Und als jetzt der eine von ihnen den anderen beiden, in Federzeichnung und Körperform als Jungtiere Erkennbaren, just den grössten der gefundenen Brotkrumen hinüberzuschnippen scheint (oder verliert er ihn nicht doch in seiner Gier schlicht aus dem Schnabel?) bin zumindest ich ausgesöhnt mit dem Unheil der Nacht und scheine mir friedfertig für das heute mir Zukommende.

Und erst jetzt, so innerlich bereitet, will es mir scheinen, als wäre all dies ausgegangen vom Seitwärtslegen des Kopfes und den auf mich gerichteten Sperlingsaugen, die mich dazu ermutigten.

Ein Spatz läuft über einen grossen Fels. Dabei schiebt er von aussen erkennbar weder eines der Krallenfüsschen voraus noch spannt er einen anderen Körperteil so an, dass sich Haltung und also Umriss des kleinen Leibes verändert. Eher weht es ihn über die Fläche.

Doch selbst für ein Leichtgewicht wie ihn – stets blieb mir ja fraglich, weshalb hierzu die Hänflinge an ihrer statt herbeizitiert wurden – reicht der Morgenwind nicht hin, um ihn vor sich herzutreiben wie sonst nur die zu Bällen gedrehten Seegrasbüschel im Ufersaum. Und wie jetzt wieder einer und gleich darauf noch einer über die Steinfläche gleitet, geschieht dies mit einer solchen Anmut, wie sie sonst nur Skiläufern und Windsurfern zueignet und mich für einen Augenblick denken lässt an eine über gerade diesen Stein wohl horizontal wirkende Schwerkraft, die die Sperlinge sacht und bestimmt hinüberträgt.

Wo immer mir eine Passage leichter als gedacht gerät und ich mich jetzt bereits auf mir unbegreifliche Weise im vermeintlich nur angestrengt zu erreichenden Zustand vorfinde, stellt sich in mir seither das Bild dieser mühelos wandernden Sperlinge ein.

Unter den Menschen verliere ich mich zuverlässig im Zu-Vielen meiner Eindrücke. Wohlwollend rührt dies von einer allzu stark ausgeprägten Anteilnahme an meinen Zeitgenossen her, weniger sympathisch ist die wohl gleich wahrscheinliche Lesart einer ängstlichen Selbstvergewisserung, der die anderen wo nicht zur Hölle, so doch beständig zur Gefahr zu werden drohen.

Wie froh bin ich daher für die Spatzen und wie grundgut bin ich ihnen geworden in meinen Jahren. Sie haben mich ja stets so ganz herausgenommen aus allen Fährnissen und Drangsalen und mich also rückblickend bewahrt. Wie diese hüpfenden Federbüschel dies bewirkten, weiss ich nicht zu sagen und anderen sind ja wohl auch Ufersäume und Kohlenfeuer solcherart zum Halt geworden oder das Aufblühen der Feldblumen. Die Sperlinge liessen sich wohl mein Hinschauen auf sie stets lange genug gefallen und wurden meiner erst dann überdrüssig, sobald mir dank ihrer wieder genug Welt zugewachsen war, um das zuvor nur Trostlose und Schäbige zu erdulden. Vor allem aber stellten sie sich stets dann ein – von selbst? – wenn ich ihrer drängend bedurfte und mir anders wohl auch gar nicht zu helfen gewesen wäre.

Und darin habe ich dann einen ähnlichen Blick auch auf die Menschen wiederzufinden mich geübt, dem Freundliches dankbar widerfährt und alles Lastende sich immer schon mitgetragen weiss und worin ich also getrost zu werden vermag.

Die Spatzen leben monogam, ein Leben lang. Wie die Menschen das zu sagen vermögen, weiss ich nicht. Vor allem wüsste ich allzu gerne, wie sich Sperlinge ineinander verlieben, oder, wenn es dessen denn unter ihnen gar nicht bedarf, doch zueinander finden, und wie sie voneinander Abschied nehmen aufs Ende hin, oder zumindest: nebeneinander sterben?

Und jetzt das Sperlingspaar im Geäst über mir: Ihr Einherhüpfen und Umherschauen bleibt unablässig zugeordnet aufeinander. So wie zwei Menschen sonst nur eine gemeinsame Aufgabe verrichten, halten die beiden immer wieder inne und vergewissern sich einander. Ganz kurz nur und stets eingebettet in ihr übriges Tun geschieht dies, beiläufig wirkt es und als solches erscheint es dem auch nur beiläufigen Betrachter als Nichts. Doch den anhaltenden Blick konnte das Auffliegen beider zur gleichen Zeit nicht überraschen, kündigte es sich doch in ihrem Hinausrücken auf die äusseren Zweige schon an und auch im wiederholten Hinabschauen zu Boden und am erkennbaren Reagieren auf das Geschehen dort. Und also sitzen sie nun beieinander im Staub und setzen ihr rücksichtsvolles Miteinander fort.

Und wenn sie es auch allein mit der Funktion, so einen kompetitiven Vorteil im Überlebenskampf zu gewinnen, evolutionär entwickelt haben, so können diese beiden es doch nicht mit dieser Absicht begonnen haben. Sie sind ja keine Menschen.

Die hohe Kunst der Sperlinge besteht darin, dass sie wohl nicht zu entscheiden vermögen, welchen Zumutungen sie sich aussetzen, wohl aber, welchen sie in ihrem eigenen Verhalten folgen.

Und darin sind sie mir ein immerwährendes Vorbild, dass sie sitzenbleiben oder auffliegen nach eigenem Gutdünken und situativem Mass. Dass ich wohl im Nachgang zu deuten vermag, was ihr Weiterfliegen jetzt verursacht haben mag, mir aber die tieferen Verschachtelungen ihrer Beweggründe, die sie im einen Fall scheinbar unbeeindruckt den Lastwagen an sich vorüberfahren lassen, nur um gleich darauf keckernd und schimpfend vor dem fern erst hörbaren Moped alle zugleich fortzufliegen. Und vielleicht waren es ganz andere auslösende Motive als die beiden von mir beachteten Fahrzeuge, und vielleicht stand es den Spatzen auch nie anheim, zu entscheiden und meine Zuschreibung einer Kunstfertigkeit autonomer Wahl ist fraglos allenfalls in ihrer allzu leicht durchschaubaren Projektion.

Schliesslich bleibt umgekehrt auch die eingangs geäusserte Annahme, Sperlinge vermöchten die auf sie wirkende Welt nicht selbst zu wählen, eingedenk ihrer Flugfertigkeiten eine zumindest gewagte Hypothese. Wie wenig weiss ich von ihnen und mir.

Konrad G. befand Mitte des 16. Jahrhunderts, dass Sperlinge über die Massen unkeusch seien, weil sie in einer Stunde zwanzigmal und im Laufe eines Tages dreihundertmal „aufsässen".

Dass der Spatz indes lediglich über einen penis non-protrudens verfügt, kleine Höcker und Fältchen in seiner Kloake, die er zur Fortpflanzung an die des Weibchens pressen muss, dass dieses sich mit erhobenem Schwanz und vibrierenden Flügeln vor ihm zu Boden ducken muss, dass schliesslich die Sekundenbruchteile, in denen für diese zwei das Spektakel der Begattung währt, um das unsere Gattung hocheffiziente Industrien aller Art errichtet hat, davon schwieg nicht nur Herr G.. Dass der Quickie der Spatzen nichts mit Wollust und nahezu alles mit den Erfordernissen einer allzeit zu ermöglichenden Flucht zu schaffen hat, dass aus den drei bis vier jährlichen Gelegen nur je ein Fünftel bis ein Drittel Jungvögel schlüpfen, von denen nach einem Jahr gerade noch zwanzig Prozent lebendig sind, auch davon schweigen die von Wollust Sprechenden.

Und bedenke ich die Lebensspanne eines Spatzen, so sind mir die zwanzigmal länger geschlechtsreifen Exemplare meiner Gattung die fraglos Lüsternderen. Das perennierende Penetrieren – wann endet es?

Der Wurf junger Katzen, dem die dicke Touristin nicht aufhören will, Thunfisch als Liebesbezeugung zu füttern, und die Sperlinge, die frühmorgens im Olivenbaum an meiner Terrasse singen, und denen ich Brotkrumen vom Vortag hinstreue, haben nicht nur die herablassende Geste der Nahrungsverabreichung gemeinsam.

Mehr als es mir lieb sein könnte, offenbart mein Unwillen vor den Katzenjungen auch den Teil *verdrängten* Ekels in meiner eigenen wohlwollenden Fürsorge. Es genügt mir ja eben nicht, Zeuge ihrer Anwesenheit zu sein, da wo sie sich einstellt; allzu gerne bin ich bereit, diese herzuschaffen, wo sie nicht von sich aus zu mir kommen, oder sie manipulativ zum Bleiben zu bewegen, wann immer sie mir zu frühzeitig wieder entweichen wollen. Ach, liesse ich mich doch nur ein auf ihr Kommen zur Zeit und ihr schwirrendes Fortfliegen, wann immer es sie weiterzieht. Dass mir die Sperlinge stets lieber waren als die lustmeuchelnden Katzen, mag auch ohne ethischen Überbau schlicht als ästhetische Entscheidung genügen. Und dass ölgetränkter Dosenfisch für Jungkatzen noch weniger zur Nahrungsergänzung taugt als getrocknete Weizenkeimerzeugnisse für Kleinvögel, auch das mag zutreffen. Mein Ekel allerdings hat nichts gemein mit den geschmeidigen Schleichern. Sie gehen ihrer Wege.

Wohl aber ist mir die Touristin in ihrer mir allzu aufdringlichen Selbstgefälligkeit zu einem Gegenüber geworden, einem Zerrspiegel all dessen, was keine Katze dieser Welt, doch eben wohl auch kein Spatz je zu sein vermag.

Wieso nur finde ich seit Jahren kaum je ein Werk der bildenden Kunst, in dem zumindest am Rand der Darstellung die Spatzen ihren Platz einnehmen?

Fast scheint es, als wären Grasmücken und Teichrohrsänger häufiger verbreitete Vögel als Haus- und Feldsperlinge. Liegt es daran, dass sie so häufig und also selbstverständlich wurden wie der Strassenstaub, dem sie ihre Hüpfmuster einprägen? Doch wieso findet sich dann auch in dessen vielfacher Abbildung kaum je die Wiedergabe eines Spatzen? Da, wo er es einmal bis in den Bildtitel schafft, zeigt das Bild dann stattdessen einen Distelfink wie bei Godwards „Lesbia" oder einen toten Sperling wie in Franz Marcs sonst ja durchaus sehenswerter Studie. Einzig in der chinesischen Malerei haben sich Sperlinge einen zuverlässigen Platz im Bildprogramm der Kirschzweigornamentik erobern können. Ich verstehe zu wenig von dieser ebenso filigran wie beiläufig gestalteten Kunst, als dass ich den dortigen Platz der Sperlinge zu deuten vermöchte, halte es aber für keinen Zufall, dass sich gerade eine dem Ziel auch handwerklicher Perfektion bis heute verpflichtete Kunst der Spatzen annimmt. Eher bin ich geneigt, die dort so häufigen Darstellungen für eine der glücklichen Fügungen zu halten, denen sich unser kulturelles Gedächtnis verdankt und die wir stets erst rückblickend zu verstehen vermögen.

Sicher ist: Der Spatz eignet sich nur als Randfigur für sogenannte Haupt- und Staatsgeschäfte.

Foto: Guido Schaerli

Man sagt: "Die Spatzen pfeifen es von den Dächern".

Und im gleichen Atemzug verweigert die doch in aller ästhetischen Beschreibungen sonst so einfallsreiche menschliche Wortfindung ihnen die musikalischen Würden und nennt ihren Gesang ein "Tschilpen", soll es klug klingen in den Ohren der Menschen, so wird daraus auch wohl ein "Keckern und Kieksen", kaum aber je nennen wir etwa das vielstimmige Singen der Sperlinge im Aufsuchen ihrer Schlafbäume ein melodiöses "Tirilieren", was es aber doch unstrittig ist. Und also wird uns die Anspruchslosigkeit sprichwörtlich und jedes Fehlen einer erregenden Neuigkeit gerät uns zum Hinweis auf den vermeintlich ebenso niveaulosen Sperling, der es dann auch endlich weiterzusagen wüsste. Und dabei dürfte wohl kein kulturfolgender Vogel je mehr Neuigkeiten unter der Sonne mitbekommen haben als die Spatzen.

Schlicht aufgrund ihrer Verbreitung und Anzahl haben wir uns Exemplare von passer als Augen- und Ohrenzeugen bei nahezu jedem Ereignis von weltgeschichtlicher Bedeutung vorzustellen. Vielleicht ja auf den Firsten der Hausdächer am Strassenrand, was macht das schon, solange ich mich bemühe, ihrem Pfeifen zuzuhören.

Die Schwalben sind eleganter, fraglos. Wie sie sich ohne alle Kraft in der Luft weiter und immer noch weiter schwingen, hakenschlagend wie Fledermäuse und dabei doch ohne deren angestrengtes Flügelflattern. Wie sie dann in ein Gleiten übergehen, zu dem sonst vielleicht nur Pinguine und Delphine fähig sind, getragen vom Wehen im Meer.

Und doch: Mir sind die Spatzen lieb geworden in ihrem schlichten Sitzen und Fliegen. Sie trösten mich über meine eigene oft fehlende Kunstfertigkeit hinweg und lassen mich dankbar auf die mir zueignenden Fähigkeiten blicken, gerade auch in ihrer für mich typischen Begrenztheit. Und so wie der Sperling in der Luft auf seine Weise vollendet fliegt, so will auch ich trachten, meine Bewegungen zu üben, bis sie weithin mir entsprechen. Und ich ahne, dass die Eleganz der Spatzen mir deshalb unerreichbar bleiben wird, weil ich den Schwalben zugesehen habe und zu vielen anderen voll Aufmerksamkeit gefolgt bin.

Und doch: In meiner Bereitschaft, mir die Welt zum Wort kommen zu lassen, finden sich vielleicht nicht allzu viele meiner Spezies. So will ich mich darin weiter üben.

Die Chiffreschrift der Natur entziffern wollten die romantischen Jünglinge zu Sais. Die Hüpfsprungmuster der Sperlinge im Strassenstaub lesen zu können, würde mir bei weitem genügen.

Doch ganz aufgeben mag ich die Idee einer sich mir im Flechtenwachstum oder den Mustern der ziehenden See offenbarenden Natur immer noch nicht. Zu froh bin ich geworden dank ihrer und war untröstlich ohne sie zuvor. Es mag ja einzig mein gänzlich idiosynkratischer Zugang zum Gesetz dieser Welt sein, wenn mir die Natur nebst den glücklichen Fügungen unter uns Menschen und den Worten der mir heiligen Schrift zur dritten Quelle meiner allzu geringfügigen Erkenntnisfähigkeit geworden ist. Sub speciae aeternitatis sind mir die Spuren der Spatzen darin freundliche Gewähr eines Zusammenhangs, den ich nicht zu wahren vermag, wohl aber wahrzunehmen aufgefordert mich erfahre. Mit jedem ihrer kleinen Hüpfer schreiben sie verlässlich weiter an einem Text, den ich zu lesen vermag einzig im wieder und wieder Hinschauen. Und so denn vielleicht aufs End' 'naus Angesichtigwerdens seiner Bedeutung.

Jetzt ist mir jeder ihrer Schritte eine Chiffre, vor der ich blödsinnig starrend sitze oder aber mich aufmache, mich selbst und die Welt weiter zu entziffern.

Das Zetern und Keckern, das Trillern und Quietschen, piepsende Einzellaute gefolgt von Schimpforgien des ganzen Schwarms, und dann wieder das weithin bekannte Tschilpen des einen ums anderen.

Kaum ist für kurze Zeit Ruhe eingekehrt im Schlafbaum, fällt sicher noch jemand aus der gefundenen Ordnung und scheucht die übrigen wieder auf, worauf sich wütendes Trillern und pfeifendes Gellen abermals über den Baum ergiessen, dessen Äste unter dem neuerlichen Aufruhr bedenklich ins Schwanken geraten. Wie findet ein Schwarm zur Ruhe? Allabendlich zeigen es uns alle vergemeinschaftet lebenden Tiere; doch welcher der Ethologen hat diesem Übergang forschend sein Leben gewidmet? Dabei dürfte doch neben der Anstachelung zu Aufruhr und Panik wenig im Leben eines Lebewesens so entscheidend sein wie seine Fähigkeit, zur Ruhe zu finden. Unter meinesgleichen lautet die Devise dazu, dass der Frömmste eben nicht in Frieden schlafen könne, wenn sein Nachbar dies nicht zuliesse. Und tatsächlich sucht gerade jetzt noch einmal einer der vielhundert Sperlinge einen neuen, besseren (?) Schlafplatz und löst dadurch eine Kaskade unruhig ausrufender Sitznachbarn aus.

Wie die Welle im Strand endet diese aber spätestens am Übergang zur nächsten Verzweigung, wo unangefochten Ruhe und Frieden herrschen.

Heute im Rinnstein zwischen Zigarettenkippen und Herbstblättern liegt ein zerquetschter Vogel im Strassenstaub. Selbst der beiläufige Blick erkennt die Körperform noch im Vorbeigehen.

Der kleine Leib ist ins Profil gedrückt worden: Schnabel, Kopfform, Körperbau und Füsse sind klar umrissen wie in einem Scherenschnitt. Und zugleich ist alles ganz verwischt durch all den Staub. In der jetzt schon tiefer stehenden Sonne scheint der kleine Vogel bald bläulich, bald grünlich schimmernd, und wäre er nicht schon unverkennbar tot, so zerbrechlich. Keine Katze oder sonst ein Tier hat ihn zerzaust. Und von den jetzt an ihm vorübergehenden Menschen nimmt keiner Notiz von ihm. Ich bin stehengeblieben, zwei Schritte umgekehrt, um auf das zu schauen, was ich zuvor nur im Augenwinkel erahnt hatte. Fast ein Nichts ist der Spatz dort im Dreck. Der Wind nimmt ihn und bald auch mich fort. Und zugleich so schön ist er, herrschaftlich in seinem Aufleuchten und zäh die Form bewahrend, in der er lebte. Auf der anderen Strassenseite ist in der Zwischenzeit ein anderer Sperling gelandet. Er schaut nicht einmal herüber zu seinem Artgenossen oder mir. Wissen Vögel nichts vom Tod, der kommt? Und wie werde ich enden?

Zwei Stunden später gehe ich an der gleichen Stelle erneut vorbei. Den toten Spatz finde ich fast nicht mehr. Die fahrenden Wagen haben ihn nahezu vollständig zerrieben.

Das Sperlingsmännchen singt dem nur wenig abseits sitzenden Weibchen vor. Er auf den vertrockneten Weinreben, sie auf dem Stromkabel, das wie eine Schaukel unter der Veranda entlanghängt.

So ruhig, wie sie da sitzt, so nervös hüpft er hin und her, plustert sein Gefieder auf, schnäbelt, reckt sich und äugt allezeit wieder herüber zu ihr, die jetzt in eine vollendete Körperhaltung gefunden zu haben scheint, in der sie trancegleich ihren Rücken zur Sonne gekehrt hält. Erst als er seinen Platz verlässt, ruckt sie ein wenig mit dem Kopf, steckt auch den Schnabel ins Brustgefieder und unter die Flügelansätze. Kurz darauf kehrt er zurück von seinem Ausflug zum schon geleerten Pool auf der anderen Strassenseite. In der Pause zwischen zwei Songs aus den Boxen am Verandagestell singt er ihr sein Lied weiter vor, bei dem sein schwarzer Brustlatz jetzt mitzittert. Und da hebt sie die Schwanzfedern ein wenig an und leert ihre Kloake, indem sie einen veritablen weissgrauen Klecks auf die Stufen unter ihr fallen lässt. Nun gerät der Spatz in einen Zustand wohl unerträglicher Erregung und wechselt wieder und wieder seinen Sitzplatz, wetzt den Schnabel erneut, plustert sich zu einer Kugel auf, quietscht und fiepst wie ein Jungvogel, und flattert schliesslich zu ihr herüber auf den Platz an der Sonne.

Und sie? Wendet den Kopf ab, reckt den Hals und fliegt fort. Verdutzt sitze ich hier unten und schaue hinauf zu ihm.

Zwischen den Weinreben sitzen Sperlinge auf dem Boden und hüpfen mit dem Wind.

Je zwei, drei bleiben darin näher beieinander; entlang der Furchen zwischen den Stöcken findet der Schwarm so seine Abendmahlzeit. Wohl fliegt hier und da einmal einer der Spatzen kurz auf und wechselt die Position im Gefüge, doch aufs Ganze gesehen halten sie ihre Formation, während sie sich von Feldrand zu Feldrand bewegen. Findet einer von ihnen eine besonders ergiebige Stelle zwischen den Bodenkrumen und Steinen, so picken dort alsbald mehrere dicht an dicht, in ihrem Vorwärtshüpfen aufgelaufen zu einer kleinen Schar. Doch ebenso selbstverständlich wie ihre winzigen Sprünge sie zueinander geführt haben, löst sich die Gruppe auch wieder auf, indem kurz darauf einer nach dem anderen weiterzieht. Bis wieder ein anderer (oder der gleiche?) an einer anderen Stelle im Staub innehält, um die dort gefundenen Insekten und Sämlinge aufzufressen, mit Hilfe seiner Schwarmgefährten restlos. Und als sie auffliegen und sich in der nächstgelegenen Pinienkrone sammeln, geschieht auch dies in dem Rhythmus, in dem sie zuvor durch die Furchen gezogen waren, stetig und ruhig.

Und auch hierin gibt es dann wie stets einen der ihren als allerzuerst sich Aufschwingenden und einen als Nachzügler, erst in der Luft, nachdem nahezu alle schon wieder im Baum gelandet sind.

Alle Federn eines Sperlings wiegen zusammen weniger als zwei Gramm, und seine Knochen sind hohl, so dass der passer zu fliegen vermag.

Welchen meiner anatomischen Vorfindlichkeiten verdanke ich nicht allererst meine Fähigkeiten, und welche von ihnen mögen aus der Warte einer anderen Gattung nicht ebenso seltsam erscheinen wie die Hohlknochen der Spatzen? Ein Leichtgewicht zu sein und zu verbleiben mühe ich mich rechtschaffen seit Jahren, doch der mehr als denkwürdigen Begabung meines aufrechten Ganges schenke ich kaum ein Gran meiner Aufmerksamkeit. Dabei sind doch wie dem Spatz seine Flügel mir meine Wirbelsäule samt Becken- und Schulterknochen eine wörtlich tragende Alltagsgewissheit. Und es mag denn wohl auch so sein, dass ich mit dem Verlust ihrer Selbstverständlichkeit zugleich die mit ihr gegebene Fähigkeit einbüssen würde; ganz so, wie der Tausendfüssler nicht länger fortzuwinden sich vermag unter der an ihn gerichteten Frage, wie er denn die Koordination all dieser Beine bewerkstellige.

Dass dem Spatz sein Dasein so zugemessen wurde, dass er bis zu seinem Ende allen an ihn gestellten Anforderungen getrost zu begegnen vermag, stellt kein Ornithologe je in Frage. Dass dies mit gleichem Recht eine Fraglosigkeit aller therapeutischen Zugänge zur Anthropologie zu sein hätte, wer ringt sich dazu durch?

Wie bei den Wachteln ist auch bei den Spatzen die Brustpartie der bevorzugte kulinarische Teil. Vor kurzem wurden im Frachtraum eines Linienflugzeugs zwei Millionen tiefgefrorene Feldsperlinge gefunden, konfisziert und der thermischen Vernichtung zugeführt, wie dies bei illegalen Importen routinemässig durchgeführt wird.

Nach allen Hungersnöten und Kriegen in der Geschichte der Gattung Homo vermag ich indes nichts Frevelhaftes am Essen von Vögeln, Katzen und Hunden, Schnecken und Heuschrecken zu entdecken. Vegetarisch und vegan sich ernährende Menschen wecken in mir hingegen vor allem die Neugier nach den in ihnen ungestillten Bedürfnissen, in deren Befriedigung sie ihr kurzes menschliches Dasein anderweitig transzendieren könnten. Alle hochemotional geführten Debatten um eine ethisch angemessene Ernährung hinterlassen in mir rasch und nachhaltig den Eindruck, „food" sei eine machtvolle zeitgenössische Religion, deren Strenge den vor ängstlicher Selbstvergewisserung strotzenden Kasteiungen und Verurteilungen der Wiedertäufer in nichts nachstände. Wie entspannt hingegen die ruhige Gewissheit, dass nichts, was in den Menschen hineingerät, ihn unrein zu machen vermag.

Mir vorzustellen, ich ässe eine Pfanne mit in Knoblauch und Granatapfelsamen gedünsteten Sperlingsbrüsten, erscheint mir denn auch weitaus weniger frevelhaft als jede auch nur allergeringfügigste Verurteilung eines anderen Menschen einzig aufgrund seiner Ernährungsgewohnheiten.

Bild: Beni Tschopp

Über die Sperlinge schreibe ich am liebsten so, dass ich von einer unmittelbaren, zumindest aber sehr konkret – fasslichen Begebenheit ausgehe, deren Bedeutungskern mir aufgeht, geschenkt wird, sich einstellt. Für diesen sich notwendig ereignenden Vorgang habe ich bis heute keine passenden Worte gefunden. In jedem Fall bedarf es seines Eintretens, dessen bin ich gewiss.

Alsdann entfaltet der Gedanke seine innere Vielfalt, bisweilen so selbstverständlich und zwingend wie das Morgenlicht sich über den Horizont ausbreitet, mitunter aber auch erst, wenn ich ihm bereitwillig folge in seinen Wehen, die zwar kommen und gehen wie diese, aber mit der Leichtigkeit des morgendlichen Windes rein nichts gemein haben. Und auch wenn das so Gefundene dem Wesen der Spatzen nahe zu kommen vermag, wenn es denn so etwas gibt wie das Wesen der Dinge in der Welt, strebt doch dieser ganze zweite Teil zuverlässig auf einen Kulminations- und Kipppunkt zu, an dem der Worte genug gemacht sind.

Hier nun kehrt die anfängliche Figur des passer zurück, und indem ich auf sie zurückblicke, sehe ich die zur Schrift gebrachte Geschichte entweder als Verfall eines geglückten Beginns wie Benjamins Engel, die Flügel voll Wind, die Augen schreckensstarr geweitet. Oder die Schrift trägt den Spatz und hebt ihn und mich mit ihm auf.

In vielen Mythologien sind Vögel den Gottheiten als Attribute beigegeben. Als solche verdeutlichen sie Eigenschaften, die Menschen den Vögeln zuschreiben und also bereitwillig auch auf die Figuren übertragen, die diese begleiten. Welcher Art dasjenige göttliche Prinzip zu sein hätte, dem die Spatzen als Illustration dienen könnten, das ist demnach auch eine transzendenzrelevante Frage.

Ich für meinen Teil halte dafür, dass Sperlinge allen Gottheiten der Übergänge als animalische Begleitung zuzufügen wären. Sie wären darin die zugleich sachtesten wie deutlichsten und es fällt mir schwer, mir irgendein geeigneteres Tier vorzustellen. Wenn ich, wie jetzt, einen Sperling auffliegen sehe, um sich über einem zum Meer hin abfallenden Flusstal in die Luft zu werfen, so traue ich ihm sogleich alles Erdenkliche zu, selbst die Begleitung eines Gottes. Doch wenn ich ihn kurz darauf im Staub eines Feldwegs entlanghüpfen sehe, ist mir die Wahl von Adlern und Falken als emblematischen Wesen augenblicklich einsichtig. Dabei ist doch gerade diese seiner Eigenschaften eine derjenigen, die ihn als transitorisches Wappentier qualifiziert. Die Fähigkeit, mühelos eins zu werden mit dem ihn umgebenden Untergrund, bis zur Unkenntlichkeit überzugehen in denjenigen Raum, in diejenige Zeit, in der er sich zeigt.

Wenn je das Wort der Offenbarung einen für mich fasslichen Sinn bekommen hat, so war es denn auch sicher im Schauen auf Spatzen, die von einer Bodenfurche in eine andere überwechselten.

Der Spatz im Vordergrund ermöglicht es, vom Hintergrund abzusehen, weil er sich bewegt und indem er sich bewegt. Der Spatz im Hintergrund nimmt meine Aufmerksamkeit genau auf entgegengesetzte Weise gefangen, indem er so still dasitzt, dass mir sein Umriss zum Suchbild wird.

Jede Autofokuskamera verfügt mittlerweile über eine optische Funktion, die diesen Wechsel scheinbar rasch und problemlos bewerkstelligt. Nur ich verliere an der Grenze vom Vorder- zum Hintergrund immer wieder die Orientierung und weiss dann verlässlich auch nicht bei derjenigen Sache zu bleiben, um die es gerade geht, oder, was dann jeweils sicher weitaus folgenreicher ist, bei dem Menschen, dem meine Aufmerksamkeit zu gelten hätte. Dass ich dies an den Sperlingen üben durfte, werde ich ihnen wohl nie angemessen verdanken können, gewiss aber nicht vergessen. Und also freue ich mich, wann immer ich einen der ihren ausfindig mache im Blickfeld, und ich sehe zu, dass ich alsdann mich angemessen auf ihn einzustellen vermag.

Was dabei unscharf bleibt und worin ich genau im Wechsel den so verloren gegangenen Fokus hätte beibehalten sollen, dessen kann ich mich bisweilen nur noch später erinnern, wenn beispielsweise der Spatz erneut sich zeigt. Darin bleibt mein optisches Gedächtnis derzeit noch jeder Kamera überlegen, weitaus wichtiger aber: dem Spatz nicht nur als Objekt der Begierde, sondern des Interesses folgend.

Eine der auffällig verschwiegenen Wahrheiten über den Spatz ist, dass er ein *süsser* Vogel ist.

Wenn ich dergleichen über irgendjemanden oder -etwas sage, so handelt es sich dabei ja fraglos um ein Geschmacksurteil und als solches mag es einen wertvollen Hinweis auf die grundsätzlich synästhetische Qualität meiner Urteilskraft geben. Denn gemeint ist ja nicht, dass Spatzenfleisch so wie reife Früchte Zucker gebildet hätte und also süss schmecke. *Das* Süsse anstelle dieser ist eine optische Eigenschaft und genauer eine, die als Zuschreibung weniger die gedrungene Gestalt einer fotografischen Momentaufnahme begrifflich erfasst, sondern sich auf einen akut sichtbaren oder als solchen erinnerten Bewegungsvorgang bezieht, indem der passer mir als angenehm zu beobachtendes Wesen, als putzig-niedlicher Kleinvogel erscheint. Ob es sich dabei um sein Hüpfen, Picken, Ein- und Auffliegen handelt, die Art und Weise, in der er seinen Körper streckt oder sein Gefieder reinigt, ist dabei einerlei. Selbst sein Schwanzheben und Ausscheiden der winzigen grau-weissen Exkremente finde ich zuweilen „süss" an der sich so zwischen Körper und Vorgang offenbarenden Gestalt, nie aber ja irgendeines dieser Bewegungsmuster als solches.

Und also bringt mir das Süsse die Spatzen so genau wie möglich in die Sprache und macht mir der fortgesetzten und kreisend bewussteren Erschliessung zugänglich, was zuvor nur ein Teil ihres noch unkenntlichen und daher verschwiegenen Wesens war.

Die Vögel sind gegangen, die Katzen gekommen.

Nach nur zwei Tagen hat sich die gesamte morgendliche Lage völlig verändert. Gerade noch ein einzelner männlicher Spatz zeigt sich kurz auf der Terrasse, fliegt jedoch alsgleich wieder weiter. Dafür schleicht hier ein meuchelnder Winztiger, klettert dort ein anderer, zum tötenden Sprung bereit, den Baumstamm entlang bis in die Astgabel hinauf, alles Gefieder verscheuchend. Ihr einschmeichelndes Gewese um jedes sich dann zeigende menschliche Bein soll nur ablenken von der tödlichen Qualität, die eine solche Begegnung für alle hat, die Flügel tragen. Die Sperlinge flüchten sich auf die äussersten Zweige. Von dort äugt wohl der eine noch schimpfend herab auf die Schleicher am Boden, warnt auch der andere noch Artgenossen und Fluggefährten tschilpend vor einem geduckt sich heranpirschenden Kater, allein: das Gelände ist vermint, verseucht und verlassen. Was eine Hegemonie bewirkt, macht kaum eine andere Lage eindrücklicher kenntlich als das Verschwinden der Morgenspatzen. Sobald auch nur einer Katze Raum für ihre Machtansprüche gelassen wird, kehren sie nicht zurück. Es liegt an uns Menschen, zu wählen, welchen Tieren wir welche Art der Aufmerksamkeit widmen.

Im antiken Ägypten galten die Katzen als Götter, denn ihnen waren die Spatzen nichts als Schädlinge.

Von den Spatzen lernen, heisst fröhlich zu bleiben.

Das ist natürlich zum einen barer Unsinn, da wohl kein Mensch bei Verstand behaupten wollen dürfte, über den Frohsinn von Sperlingen urteilen zu können. Zugleich ist es nach all meiner Zeit im Schauen auf sie das einzige, dessen ich wirklich völlig gewiss bin. Und so traurig und zuweilen trostlos ich auch immer werden mag: Es geht mir stets aufs Neue die Welt und in ihr der Himmel auf, sobald ich einen der passer erblicke. Nicht, dass dann die Welt wieder in Ordnung wäre; ganz sicher aber ist ihr Gewicht alsdann um so vieles leichter geworden, dass es mich in ihr aufatmen und also weiterleben lässt. Die Spatzen sind ja keine unangefochtenen Existenzen, alles andere als das. Historisch wie aktuell geht es ihnen immer wieder an den Kragen. Wieso mir ihre Gegenwart dennoch so viel an Lebensmut und Zuversicht schenkt, das ist eine der wundersamen Fügungen, denen ich mich verdanke.

Allzu bereitwillig jedenfalls überlasse ich mich täglich aufs Neue im Schauen auf sie fröhlich meiner eigenen Hüpfsprungexistenz.

Unter der Pinie sitzt am Schattenrand ein Spatz im Uferkies der Bucht. Sein schwarzbraunes Deckgefieder lässt ihn hier, im Übergang des Lichts auf dem Boden, vor allen Augen verschwinden.

Zwischen den verschiedenfarbigen Steinchen wird seine Körpergrenze weniger sichtbar als die Linie, die der Baum über ihm in den Grund zeichnet, und so bleibt er dem Blick, der ihn nicht gezielt sucht, unsichtbar. Nehmen die Kontraste in den Dämmerungsstunden ab, so sind die Sperlingsweibchen immer noch ausreichend geschützt. Die Tönung ihres Kleids nimmt ja die feinen Nuancen der graubraunen Staubfarben so vollendet auf, dass kaum eines von ihnen je einem Blick zugänglich wäre, würden sie nicht durch Kopfrecken, Körperstreckung und ihr Auffliegen hervortreten aus der Unscheinbarkeit.

Und so gerät mir im Schauen auf die Spatzen das Auffallen-Wollen, das willkürliche Erzeugen und gezielte Heischen von Aufmerksamkeit in ein Zwielicht fragwürdiger Selbstgefährdung. Welche andere Spezies ausser der unseren hat so vollständig ihrer Schutzmechanismen entsagt und zugleich alle Formen der Balz, die doch im Tierreich auf eine rhythmische wiederkehrende Phase beschränkt sind, verabsolutiert zu einer Geste der offensichtlichen Oberfläche? Und: Wie wäre stattdessen eine Kultur der Unscheinbarkeit zu beginnen?

In dem Augenblick, in dem ich meiner soeben beendeten Spatzengeschichte ihr letztes Wort beigefügt habe, kommt ein Sperling zu mir hergeflogen, gefolgt von zwei, drei seiner tschilpenden Artgenossen, und diese zeigen mir, wie zur Ermutigung, noch einmal all das, was ich im Hinschauen auf sie bis anhin versucht habe, ins Wort zu bringen.

Wer sagt denn, wann aufzuhören wäre mit dem Fügen des einen Wortes ans andere und wann sich eine beschriebene Gestalt vollendet schliesst? Ist es nicht vielmehr so, dass jedem meiner Anfänge und Enden weit mehr Willkür anhaftet als die sachten Atempausen und Zäsuren in der Welt hergeben? Und wie mir wohl auf immer verschlossen bleiben wird, wann eine Folge von einfliegenden Sperlingen endet und wann sie anhebt, so ist auch meinem Schreiben eine Spanne Zeit beigemessen, die ich stets aufs Neue noch nicht kenne, sondern nur im Zurückschauen als solche erkenne.

Das Sperlingsweibchen, das im Gegenlicht auf der Geländerbrüstung sitzt, und zu mir her zu äugen scheint, mag wohl jetzt gleich erneut auffliegen oder noch für geraume Zeit dort verbleiben. Mein Blick und meine Worte in seinem Gefolge vermögen der Zeit, die wir voreinander sassen, ja nur scheinbar eine Zeile zuzufügen oder fortzunehmen. Sie aber kommt und geht, wie sie will.

So gerne würde ich einmal in einem Schlafbaum der Sperlinge übernachten. Alles behutsame Ordnen dieser Welt und jedwede chaotische Irritation in ihr käme mir darin alsdann gewisslich zur Anschauung und ich könnte nach meiner Rückkehr aus dem Wunderland davon Auskunft geben.

Vielleicht sässe ich in einer Astgabel nahe an den Stamm des Baumes gelehnt, so dass ich keinen der ihren im Schlaf stören würde. Wohl aber wäre es mir von hier aus möglich, all ihren letzten Bewegungen zu folgen, die sonst den Blicken der Menschen entzogen sind. Von aussen lassen sich ja nur die wenigsten der aberhundert Spatzenkörper noch einmal blicken, nachdem sie unter die Blätterdecke geschlüpft sind. Nur vereinzelt zeigt sich hier ein Positionswechsel, muss dort ein gerade gelandeter passer nochmals auffliegen über die Krone, wohl weil in ihr das gedachte Ziel kurzfristig anderweitig vergeben wurde. So gerne wäre ich für einmal Zeuge all der geschäftigen Umbuchungen und letzten Disponierungen zur Nacht, von denen mir hier aussen nichts als das zwitschernde Rauschen des ganzen Schlafbaums kündet.

Wie erhellend müssten mir schliesslich die allerletzten Bewegungen vor dem Eindunkeln werden, die dem ausklingenden Piepsen im Baum vorausgehen oder ihm folgen. Und wie beglückt würde ich alsdann noch lange da sitzenbleiben im ganz still gewordenen Baum inmitten der schlafenden Spatzen.

Bild: Niels Blaesi

Jeder Spatz ist auch ein Kolibri. Gerade noch flog er in einem eleganten Bogen an die Hauswand heran, eben erst kam er mit einer kleinen Schar seinesgleichen über dem Baum an, da findet er den avisierten Platz blockiert, belegt oder anderweitig unzugänglich.

Wie sich helfen? Entweder der Sperling fliegt davon. Er wendet dann mit einem einzigen Flügelschlag in der Luft und kehrt dem gerade noch zugestrebten Ziel den Rücken. Oder aber er stösst sich mit beiden Krallenfüssen von diesem ab, liegt dabei für einen Sekundenteil waagerecht in der Luft und stürzt dann wie eine Gämse aus der Steilwand ins Bodenlose auf ein anderes Ziel zu. Bisweilen aber vermag oder will der Spatz weder das eine noch das andere. Dann steht er mit wildestem Flügelschlag in der Luft. Und so ungewohnt die Frequenz dieser Bewegung auch dem oft im Staub einherhüpfenden Kleinvogel sein mag, und so fremd dies Bild daher auch auf den Betrachter zunächst wirkt: Der passer schlägt die Luft, die ihn trägt, mit aller Eleganz eines Kolibris und steht also in der Luft und steht dort lang.

Und so wie dem Spatz sein seltenes Bewegungsmuster einen Weg an schon versperrte Orte eröffnet, und wie kraftraubend es auch immer sein mag: Ich will es ihm gleichtun. Es wird doch auch in mir wohl ein Ausgang aus jedweder unlösbar nur scheinenden Lage angelegt sein.

Kehre ich zurück an einen mir vertrauten Ort und stellen sich dort wie schon vormals erneut Spatzen ein, so bin ich rasch geneigt, zu glauben, es seien eben dieselben wie zuvor.

Und diese zeigen mir ja auch gewiss jetzt bis in die Feinheiten hinein die gleichen Muster und Formen in all ihrem Verhalten: Hüpfen beidbeinig herzu, recken Hals und Kopf, picken und äugen umher. Allzu gerne will ich dann glauben, dass es nicht nur Artgenossen der früheren Sperlinge seien, und selbst der Gedanke, dass es sich um Angehörige eines Schwarms handelt, dessen Revier ich erneut aufgesucht habe, will mir nicht genügen. Nein, es ist nicht nur einer der gleichen, sondern eben gerade wieder dieser eine Knopfäugige mit dem ausgeprägten dunkelbraunen Wangenstrich, dessen Flügelfedern sich aufs Ende hin so elegant übereinanderlegen. Und selbst wenn ich kurz darauf einen zweiten mit solchem Gefieder neben dem ersten sitzen sehe, bleibe ich meinem ersten Gedanken treu und sehe nun erst recht in dem für dieses Mal zuerst Gesehenen den Wiedererkannten und in dem sodann Hinzugehüpften eben einen zweiten, anderen.

So bringen die Spatzen mir zur Anschauung, wie ich mich in der Welt zurechtfinde: Nicht nur erkenne ich in ihr fast ausschliesslich, was ich schon kenne, sondern ich vermag auch nur wiederzuerkennen, was ich als einmal Erkanntes anerkenne. Wie herzerfrischend sind sie mir aber darin und in ihrem Augenöffnen für die ganze Welt.

Mitunter glaube ich, dass die Sperlinge wahrnehmen, wenn ich zu ihnen hindenke. Sitze ich eine Zeit lang ruhig an einem Ort, kommt zumeist rasch der eine und andere von ihnen herbeigeflogen, als wollten sie sich auch von sich aus in Erinnerung rufen: Bist du da? Wir sind auch immer noch da!

Auf diese Weise habe ich mich schon oft weniger einsam gefühlt, und auch wenn das eine billige Selbsttäuschung sein mag: einverstandener mit der Welt. Wie die Interaktion der Unbewussten unter meinesgleichen vonstatten geht, vermag ich nicht zu sagen. Wohl aber bin ich mir über die Zeit dank mannigfacher Hinweise ganz sicher geworden, dass die Spatzen nicht nur zu mir hergeflogen kommen, weil ich ihnen das Ausstreuen von Futter verheisse; auch das kommt selbstredend vor. Doch wie oft ist mir nicht auch an gänzlich menschenleeren Stränden, auf Waldlichtungen oder mitten in einem Geröllfeld innehaltend ein Sperling zugeflogen? Und dort, abseits aller zivilisatorischen Gewöhnungsmöglichkeiten, hockte alsdann neben dem einen ein zweiter, dann gar dritter und vierter, und linste hinauf zu mir.

Und immer geschah mir das erst, nachdem ich kurz zuvor zu den passer, die mir schon begegnet waren, hingedacht und mir bisweilen auch einen der ihren regelrecht herbeigewünscht hatte. Mag sein, all diese Begegnungen waren nichts als Zufälle. Besser gefällt mir der Gedanke, es seien sichtbar werdende Fügungen eines mich wie die Sperlinge umgreifenden Zusammenhangs.

Ein junger Spatz benötigt vor allem Lebendfutter. Ameisen, Raupen und Käfer, Blattläuse, Fliegen und Spinnen nähren ihn. Erst als ausgewachsener Vogel vertilgt er Samen und Körner und hat sich als Zivilisationsfolger zum Allesfresser entwickelt.

So hat mich stets die Warnung der hiesigen Vogelauffangstation merkwürdig berührt, dass ich beim Verfüttern von Fliegen an einen Spatz Vorsicht walten lassen solle, trügen doch manche Fliegen schon lebendige Maden in sich, die, in der Absicht, solcherart den darbenden Vogel zu retten, ihn nachgerade töten könnten, indem sie ihn von innen her auffrässen. Auch Raupen und Spinnen, mit den edelsten Motiven von Gartenpflanzen und in Kellerecken zusammengesucht, vermöchten dem passer wohl verabreicht zu werden, nicht aber ihn zu nähren, da sie sich, einmal verschlungen, gleichsam heimtückisch ihrerseits durch dessen Innereien frässen. Solche Strategien trojanischer Insekten lassen das emsige Picken und eifrige Füttern der Sperlinge als allzu naive und offensichtliche Nahrungsaufnahme erscheinen.

Doch welcher erwachsene Sperling gäbe wohl wissentlich seiner Brut einen Stein, wenn diese um Brot bettelt? Wie beelendend muss es sein, meine Nachkommen in Krämpfen enden zu sehen, kurz nachdem ich ihnen einen ausgesuchten Leckerbissen gereicht habe?

Schon Herder bemerkte, dass „bei dem verliebten Sperlinge das Gehirn den ganzen Kopf (füllet) und ist 1/5 vom Gewichte seines Körpers". Heute wissen wir, dass das Gehirn eines Spatzen zudem deutlich mehr neuronale Vernetzungen aufweist als ein vergleichbar grosses Säugetierhirn.

Hinsichtlich des Spatzenhirns scheint mir zudem eine Studie erwähnenswert zu sein, die 1824 „über das kleine Gehirn" in Leipzig veröffentlicht wurde. Dabei wurden Spatzen „einige Tropfen Weingeist" zu trinken gegeben, woraufhin diese „alle Spuren der Trunkenheit" zeigten, im Flug unsicher wurden und auf den Beinen schwankten. Bedenkt man, dass ein passer nur etwa 30 Gramm wiegt, so hätte einem ausgewachsenen Menschen gut ein halber Liter reiner Alkohol eingeflösst werden müssen, um ein ähnliches Verhältnis von Körpergewicht und hirnschädigender Substanz herbeizuführen. Was also geht im Gehirn eines Menschen vor, der alsdann die Schädeldecke des Spatzen entfernt und das Gehirn Lage um Lage abträgt, bis er es schliesslich ganz entfernt, nur um alsdann festzustellen, dass die Wirkung des Alkohols im Gehirn von Sperlingen „immer materielle Spuren zurücklässt"?

Was auch immer die naturwissenschaftliche Suche im Gehirn eines anderen an sogenannter Erkenntnis zu Tage fördert, es bleibt geringfügig im Vergleich zu dem, was der Erkenntnisweg über den Geisteszustand des Forschenden offenbart.

Ambelopoulia ist ein traditionelles Gericht aus Sperlingen und anderen kleinen Singvögel. Verteilt über den gesamten Mittelmeerraum werden jährlich Millionen von Vögeln getötet, obwohl die Berner Konvention den Vogelfang doch seit langem verbietet. Den Vogelfängern gehen dabei neben den Spatzen viele andere Arten auf den Leim, bleiben an den ausgesteckten Ruten kleben und verenden dort.

Damit müsste es doch aus sein, auch mit dem Heissa-Heissa-Hoppsassa Papagenos, der sich im selbst aufgestellten Netz verfängt. Seine Hanswurstiaden erinnern mich dabei gleichermassen an die Genüsslichlichkeit, mit der eingefleischte Zyprioten die Zubereitung einer Ambelopoulia schildern, wie auch an den Furor, mit dem selbsternannte Tierfreunde aus aller Welt den Vogelfängern nachstellen. Wieso die Vegane-Armee-Fraktion oder die Tierbefreiungsfront noch keine Mozartoper mit Hinweis auf das zypriotische Menü gesprengt hat, bleibt mir ein Rätsel.

Mit Kierkegaard sind sich ethischer und erotischer Impulse durchaus im Objekt der Begierde ähnlich. „Ich mag Spatzen" bedeutet ja auch beides: den kulinarischen und den agitatorischen Genuss, entweder – oder.

Neben Ratten, Mäusen und Kaninchen hat das Einführen von Katzen in Weltgegenden, in denen diese zuvor nicht lebten, dazu geführt, dass etliche andere Lebensformen ausgestorben sind. Und auch heute noch werden mehr Sperlinge durch freilaufende Hauskatzen getötet als durch Vogelfänger.

Wie Katzenhalterinnen den Jagdtrieb ihrer spatzenmeuchelnden Lieblinge gleichwohl als anarchische Qualität missverstehen, sagt sicher viel über die Besitzer aus. Gar nichts ändert solch infantiler Wehmutsblick indes an der Tatsache, dass Katzen nachgewiesenermassen für das Ausrotten von mehr als dreissig (30) Vogelarten alleinig verantwortlich sind. Noch weiss sich passer zu wehren, passt sich an, weicht aus, doch bei mindestens 70 Millionen Hauskatzen alleine in den USA verwundert es nicht, dass Schätzungen dort von einer Jagdstrecke der flauschigen Killer von annähernd vier Milliarden Vögeln ausgehen – pro Jahr. In Grossbritannien nahm die Zahl der Haussperlinge innerhalb von 20 Jahren um mehr als die Hälfte ab. Als wichtigste Einzelursache ist der sinnentleerte Jagdtrieb der Hauskatzen erwiesen, die je nach Standort Jahr für Jahr zwischen einem Drittel und der Hälfte aller Sperlinge töten. Nachdenklich stimmt mich dabei die emotionale Parteilichkeit, mit der Angehörige meiner Spezies bereits auf die blosse Erwähnung der benannten Zusammenhänge reagieren. Gleichwohl doch beiden, Jägern und Gejagten, Tätern wie Opfern bis in ihre Benennung hinein die Nähe zu uns Menschen eingeschrieben ist, sind die schlechten Hüter der Hauskatzen stets aufs Neue gekränkt und enerviert, sobald ich sie auffordere, die Spatzen zu schützen und ihren Katzen, so sie nicht ausschliesslich im Haus gehalten werden, zumindest eine warnende Glocke umzulegen.

Wie sehr unser Potenzial zur Anerkennung anderer und die Lenkung unserer Aufmerksamkeit narzisstischen Projektionen unterliegt, pfeifen derweil die Spatzen von den Dächern.

Foto: Guido Schaerli

Spatzen und Katzen weisen zumindest sprachlich eine leicht erkennbare Gemeinsamkeit auf. Es ist wohl so, dass wir Menschen im Hinschauen auf die einen wie die anderen zu durchaus ähnlichen starken Gefühlen im Stande sind. Wieso wählten wir sonst für beide eine intensivierende Wortendung?

Und doch: Selten treffe ich auf einen Zeitgenossen, dem beide lieb sind. Allzuoft prägt die natürliche Feindschaft zwischen ihnen auch das Verhältnis derjenigen, die ihren Blick auf sie richten. Dass auch nur eine der vielen Felidae es vermag, die Aufmerksamkeit von Menschen so viel sicherer auf sich zu ziehen als ein ganzer Schwarm auffliegender passer hat mich oft verwundert – und bisweilen gestört. Dabei ist mir durchaus einsichtig, dass die stets ihren Körperkontakt anbietenden Katzen manchen meiner Artgenossen ein Gefühl der Nähe zu vermitteln vermögen, auch wenn mir ein allzu offenkundiger Substitutcharakter rasch Zweifel abnötigt, und dies eben auch an den Motiven der sich solcherart anbiedernden Tiere. Die Domestizierung zum Haustier ist beim passer nie erfolgt und sein Name meint ja auch nur „dem Hause *zugehörig*"!

Einen Sperling aufzuziehen und seine Bindung an mich als Menschen zu erleben, würde ich indes wohl nicht anstreben (es sei denn, er fiele mir zu), verlöre ich doch auf diese Weise gerade das, was mich an ihnen so oft schon getröstet hat: Ihr denkwürdig unvorhersehbares Erscheinen und das allzu gewisse Weiterfliegen nach ihrer mir geschenkten Zeit.

Seit mehr als einer Woche ist nun der Himmel bedeckt und die Masse aus Wolken und Nebel zieht tief über mir hin, so sie nicht, wie jetzt, gänzlich auf mir zu lasten scheint. Die Gesichter der Menschen zeigen je länger je mehr das gleiche stumpfe Grau, das sich wie vertrocknete Libellenflügel über die noch so wohlproportionierten und feriengebräunten Züge legt und ihnen, zumindest im ersten Hinschauen, jeden Glanz nimmt.

Beim Umsteigen auf meine nächste Trambahn fliegt mir ein Sperlingsmännchen vor die Füsse und in eben diesem Augenblick liegt eben dieser kleine Fleck Asphalt unter ihm in der Sonne, und bald darauf auch wieder nicht, als der Spatz schon wieder weitergeflogen ist. Wie kommt es nur, dass ich diese wundervollen Fügungen sehe? Oder geht das allen Menschen so? Unklar war mir von Beginn an und ist es bis jetzt geblieben, ob das Licht vor dem Spatz erschien oder erst kurz darauf. Und da ich mich weder klar erinnern kann noch in dieser Frage entscheiden muss, gefällt mir der Gedanke, das Licht sei *mit* dem Sperling gekommen. Jedenfalls schien es ihm behaglich zu sein, wie er sich dort im Sonnenflecken streckte, und auch mir wurde wohl im Schauen auf ihn wärmer. Zumindest wunderte ich mich kurz darauf über all die in ihre Hände hauchenden Mitfahrenden in der Trambahn, denn auf ihren Gesichtern lag doch nun wieder jener Glanz, den ich zuvor so vermisst hatte.

Wie dankbar bin ich dem Spatz, bringe er nun die Sonne und den Glanz mit sich oder nicht. Mich wärmt sein Anblick.

Die Stechpalme im Innenhof ist seit Jahren ein Schlafbaum der Spatzen.

Zwischen ihren eingezackten, ledrigen Blättern tummeln sich jetzt vor dem Eindunkeln gut drei Dutzend von ihnen und picken an den orangefarbenen Winterbeeren. Einer sitzt ganz zuoberst im Ausguck und hütet den Schwarm, derweil die übrigen in dem scharfkantigen Blattwerk tschilpen und durcheinanderhüpfen. Ihre braungefiederten Leiber sind inmitten der leuchtenden Farben des Ilex gut zu erkennen. Dass sie sich gerade diesen als ihren Ruheplatz für die Nächte ausgesucht haben, liegt wohl auch an der spitzenbewehrten Blätterdecke, unter die sie mit dem Verblassen der Farben zusammenrücken. Hierher steigt ihnen nichts nächtlich Grauendes nach, und findet auch keiner der lautlos gleitenden Greifer seinen Weg. Als letzter hüpft der Ausguck herunter, gerade noch erahnbar im fahlen Restlicht. Als geborene Spätaufsteher liegen jetzt gut zwölf Stunden Ruhe vor ihnen. Erst eine halbe Stunde vor Sonnenaufgang werden die Spatzen einstimmen in die dann schon vielstimmig hörbaren Morgenlieder ringsumher.

Ach, vermöchte ich mich doch wie die Sperlinge traumwandlerisch zu halten im dürren Geäst, gleichwohl bedrängt von Nachtschatten und monströsem Wahn. Ich muss nach Unterlinden fahren, um mich im Blick auf den Halt des Alten dort mich meines eigenen Haltens und Gehaltenseins zu vergewissern.

Und auch heute, im ehemaligen Klosterbau, als ich wieder über den unter mir knirschenden Kiesweg gehe, kommt mit den herbstlichen Lindenblättern ein Sperling herbeigeflogen und landet dort vor mir im Baumschatten. Und ich freue mich über sein Ankommen, das mir meines deutlicher zu sehen hilft.

Still steht der Spatz, wendet den Kopf geschwind auf beide Seiten und äugt dann zu mir herauf. Er kennt sich hier aus, und ich doch auch schon ein wenig. Selbstverständlicher öffne ich jetzt die Tür, finde meinen Weg durch die Gänge und Stiegen bis hinauf in mein Bett für diese Nacht. „Wir sind Kumpane!", denke ich kurz hinunter zum Spatz und sehe ihn gerade da wieder, jetzt im Geäst vorm Fenster sitzen, in der Sonne. Und es ergeht mir den Tag hindurch noch einige Male so, dass mir die Ortsspatzen als Begleiter und Wegbereiter vorkommen, deren Zuspruch mir geschenkt ist und an deren Anblick ich mich ausrichten kann. Je mehr Herbstnebel aufzieht und so verhangen der Himmel später auch wird, für heute bleibt in mir etwas von ihrer Freundlichkeit. Und also werde ich getroster weitergehen, hier und über den Tag hinaus.

Was wäre ich ohne die Sperlinge? Wie wäre es um mein Gehen und Stehen, Sitzen und Denken bestellt? Ich vermag es mir kaum noch vorzustellen und will es wohl auch gar nicht.

Haben Spatzen Namen?", fragt mich das Kind. Und augenblicklich bin ich so beglückt schon über die Frage, dass ich versucht bin, sie rasch zu bejahen. Und dann halte ich doch noch an mich und schaue zunächst dem Kind in seine graugrünen Augen, die erwartungsvoll offenstehen.

Wahrhaftig müsste ich jetzt sagen, dass ich es schlicht nicht weiss, aber darf ich das? Vielleicht ist ja auch das Eigentümliche eines Namens etwas genuin Menschliches? Doch auch das weiss ich nicht zuverlässig. Und liegt nicht in der Frage des Kindes die unausgesprochene Hoffnung, ich vermöchte sie, so nicht zu bejahen, so doch das Namentragende der Sperlinge jetzt als eine Wirklichkeit in der Welt herbeizuführen? Ich schaue hinab auf die Schar Spatzen zu unseren Füssen, die um uns herum ihr Hüpfsprungballett aufführen in einer mir unerkennbaren Choreografie, so als könnte ich dort eine Antwort auf die Kinderfrage erheischen. Doch Paula und Anne, Theo und Max hüpfen scheinbar unbeirrt weiter und ich vermag darin weder zu erkennen, was ihre Meinung ist, noch ob sie selbst diese – allerdings unmittelbar sich einstellenden – oder irgendwelche Namen tragen.

Immer noch schaut das Kind mich an. Und indem ich zurückschaue, höre ich meine Rückfrage, was es denn meine, wie sie hiessen? Und dann muss ich mich kurz selber kneifen, denn mit einem Blick zu Boden zeigt das Kind auf einen Sperling nach dem anderen und aus seinem Mund höre ich deutlich vernehmbar: „Die hier heisst Paula. Und das ist Anne. Und Theo und Max, und dahinten ist Tina ..."

Eine der unwahrscheinlichen Erstaunlichkeiten, die ich je über die Spatzen vernahm, will ich gerne so, wie ich sie zugetragen bekam, weitergeben:

„Ein gewisser Edelmann richtete seinen Freunden einmal ein Gastmahl an, und liess, statt der Lerchen, gebratene Sperlinge auftragen. Nach dem Essen bekam die Magd eine ausserordentliche Lust zu den Gehirnen dieser Sperlinge, und ass sie mit grosser Begierde. Als sie hierauf zu Bette gegangen war, bekam sie des Nachts die fallende Sucht, woraufhin sie mit dem Munde den Schall pip, pip, pip von sich gab, und die Arme und Hände an den Leib schlug, dass sich die Umstehenden verwunderten, weil es ordentlich Zuckungen waren, wie die Sperlinge haben, wenn sie sich begatten."

Erstaunlich an dieser Schilderung aus dem Jahr 1764 sind mir dabei weniger die Bewegungen, die die Magd „wie die Sperlinge" zeigte, sondern der merkwürdige Umstand, dass genau zum rechten Augenblick sich Augenzeugen in der *Schlafkammer* der Magd einfanden, allem Anschein nach eben diejenigen Freunde des Edelmannes, die doch zuvor allzu billig getäuscht worden sein sollten. Und so wie mir die sexistischen Voyeure, die die eine Frau im Freundeskreis umstehen, dieweil diese sich in ihrer Mitte in „Zuckungen" räkelt, eine allzu vulgäre Männerphantasie bleiben, so auch die Lust an der projizierten Lust der Sperlinge und der vermeintlichen Übertragung ihrer libidinösen Energie auf eine Frau.

In dem Nest aus Grashalmen, Moos und Federbüscheln liegen fünf braun gesprenkelte Eier. Unablässig sitzt einer der beiden Sperlinge nun auf ihnen, abwechselnd ziehen Tag und Nacht über das Gelege hinweg, bis nach zwei bis drei Wochen die Jungvögel ausschlüpfen.

Mein Gefühl, es handele sich bei dem Oberflächenmuster um die Kopie einer prähistorischen Höhlenzeichnung oder die Detailaufnahme aus einer Mondkarte, ist, wie so oft, einer allzu raschen, vorauseilenden Flucht in die Wörter geschuldet. Denn je länger ich auf die unregelmässig verteilten, einander überlappenden, ausgefransten und dann wieder völlig ebenmässig geformten hellbeigen bis schwarzen Fleckenmuster blicke, die alle Gefiederfarben der Sperlinge schon enthalten, um so schöner wollen mir diese fünf Ovale zwischen den dürren Halmen und Winzigstfederchen schlicht erscheinen. Und allenfalls lasse ich jetzt noch den kurz sich einstellenden Gedanken gelten, es handele sich bei ihnen um eine sozusagen pränatal entäusserte Hülle, die bereits die spätere Gefiederfärbung des in ihr erst heranwachsenden passer als zersprengtes Mosaik zeige, so als sei dies die Momentaufnahme aus einer extremen Zeitlupe, bei der die ursprüngliche Gestalt vor dem „ab ovo"-Zustand zu suchen sein.

Mit dem Schlüpfen der Jungen wird die Eihülle zerstört. Sie ist zur Grenze geworden, die nicht länger schützt und eine inwendige Entwicklung ermöglicht. Die innere Welt weitet sich ins Universum und von nun an gibt es Höhlen und Mondschein und in diesen fliegende Spatzen.

Der Spatz ist eine Figur des öffentlichen Lebens. Auf den Plätzen der Städte zeigt er sich freigiebig und hüpft den Trottoirs entlang noch im winzigsten Dorf.

Zu meinen Füssen lebt er indes nur einen geringfügigen Teil seines Lebens. Schon ein Blick zum Himmel macht mir deutlich, dass es mit seiner vermeintlichen Sichtbarkeit nicht allzu weit her ist. Tauben und Krähen fliegen dort, grosse Vögel in grossen Zirkeln, und natürlich die unvermeintlichen Greifvögel dann und wann, unter denen sich alle ins Private flüchten. Sperlinge aber fliegen zielstrebig. Ihr Durchqueren des Luftraums wirkt auf mich oft wie eine Flucht, der das Spielerische fremd ist. Noch weitaus seltener sehe ich sie in Büschen und Bäumen, wo sie sich, wenn überhaupt, akustisch hervortun und das Aufspüren der kleinen Körper als Suchspiel gestalten. Ein Spatzennest zu finden oder gar einen Blick in dieses hinein zu erheischen, ist mir schliesslich erst wenige Male gelungen. Und doch leben sie aber dort. Sicher haben sich die öffentlichen Lebensumstände der urbanen Spatzen in den letzten Jahrzehnten rasant verändert, aber was ist mit dem Strukturwandel der Privatheit, dem sie zugleich unterliegen?

Den polierten Fassaden zeitgenössischer Zweckbauten und dem privaten Leben der Sperlinge ist gemeinsam, dass sie meinen Blick abweisen. Im schlimmsten Fall wirkt dies ausgrenzend und kalt, im besten, wie dem der passer, merkwürdig und staunenswert auf mich. Wie gerne würde ich ihnen einmal folgen in ihre Schlafbäume und Kugelnester hinein.

Der Dreckspatz wühlt im Staub, und indem er es tut, bestätigt und widerlegt er seinen Namen zugleich.

Dabei ist die Seite der Körperpflege durch ein Staubbad für Tiere aller Art hinreichend beschrieben und die modische Wellnessindustrie hört nicht auf, die hygienischen und ästhetischen Wirkungen von Schlammpackungen und Peelingkuren für die menschliche Haut zu lobpreisen. Mir ist denn auch die andere Seite, der paradoxe Effekt an der sinnwidrigen Namensgebung, die merkwürdigere. Allen offenkundigen Anstrengungen zum Trotz und seinen Intentionen grundlegend zuwiderlaufend haftet dem Sperling dies Wort an. Mehr noch: Es etikettiert das Unsaubere, Schmuddelige, das bei aller mitschwingenden nachsichtigen Liebenswürdigkeit eben vor allem eines meint: „Wasch dich! Ändere dich!" und transportiert seinen Namen so hinein in das Feld der moralischen Entrüstung und ästhetischen Überheblichkeit. Der Spatz als abschreckendes Beispiel. Und für diesen wird die eigene Arbeit selbst zum Fluch. Nicht nur kommt sie nie an ihr Ende, schlimmer als für Sisyphos verstärkt der Spatz mit jeder seiner Anstrengungen den einmal angehefteten Ruf. Er müht sich rechtschaffen, die Parasiten loszuwerden, doch in den Augen der umstehenden Kommentatoren weckt jede seiner Zuckungen nur aufs Neue das Unwort.

Ich will mir also ein Beispiel an den Sperlingen nehmen, mögen die Menschen sich auch allzu einig sein in den Namen, die sie mir und meinem Tun und Lassen geben.

Zuweilen neige ich zur Schwermut. Wenn das Licht immer weniger wird im Herbst oder der Himmel zugezogen bleibt wie der Vorhang im Schaufenster des Cafés auf der Ecke, das schon seit Jahren niemand neu eröffnen will. Dann genügen wenige lieblose Worte, um zu drohen, mich vollends haltlos werden zu lassen. Wie begütigend und tröstlich werden mir dann stets die Sperlinge, zu denen ich hinüberschaue.

Und heisst es nicht richtig, dass die Furcht um das eigene Wohl in dem Masse schwindet, wie ich meine Aufmerksamkeit auf die Spatzen lenke? Ich lese nach und finde: „Fürchtet euch nicht! Verkauft man nicht fünf Spatzen für ein paar Pfennig? Und doch vergisst Gott nicht einen von ihnen". Und im Matthäustext heisst es sogar, dass „keiner von ihnen zur Erde fällt, ohne den Willen des Vaters". Ich lese und mit dem Lesen kehrt es zurück, dass ich getroster werde und so alsdann auch wieder heiterer, ein wenig bloss zunächst, doch dann grundsicher wieder und dankbar. Und der eine Spatz, der jetzt noch sitzengeblieben ist von der Schar, die zuvor um mich herum den Boden ablas im Voran- und Seitwärtshüpfen, er genügt vollends und so auch ich.

Er steht mit durchgestreckten Beinen im gleichen Sand wie ich und atmet die gleiche Luft, die auch in mich einströmt. Was sollte mir je Böses widerfahren, zumal er sich jetzt in den Himmel hinaufwirft, unter dem auch ich weitergehe? Und also bin ich mir sicher, dass er Jakob heisst, der Spatz.

Passer pipiabat." Das heisst, ins Deutsche übertragen, in gleicher Weise zweierlei: „unablässig piepsender Spatz" oder, und dies, gleichwohl die Altphilologen hörbar um gepflegtere Worte ringen: „immerzu wimmernder Pimmel".

Ob Catull dabei Lesbia, Clodia oder wen auch immer in seinen Syllaben anschmachtete, spielt kaum mehr eine ausschlaggebende Rolle. Auch, ob er sich mit seinen schlüpfrigen Versen das Objekt der Begierde schlicht erst herbeiphantasiert hat, mag dahingestellt bleiben. Dramatischer als solche Fragen an der Grenze poetologischer Finessen und biografischen Kitsches ist mir die wirkmächtige Verknüpfung der „Lesbia"-Figur mit dem Spatz zu einer ikonischen Gestalt. Das Doppelbödig-Vulgäre fand so seinen Zugriff auf die Sperlinge und hätte sich doch ebenso gut auf Tauben und Schwalben, Wachteln, Gänse oder Schwäne stürzen können, allesamt gleichermassen die Aphrodite begleitende Vögel. Doch der Spatz war klein genug, um ihn in die Hand zu nehmen und reckte sich da und ruckte umher. Was den Menschen erstmals veranlasste, die passer als Attribute der Venus zu sehen, bleibt unklar. Erstaunlich ist es aber doch, dass ausgerechnet die Insel Zypern sich rühmt, Geburtsstätte der Venus zu sein, wo doch daselbst Jahr für Jahr Abertausende von Sperlingen ihren Tod in Netzen und Fallen finden.

Es scheint nicht allzu weit her zu sein mit der Liebe zwischen der Göttin und ihren Begleitern. Aber vielleicht erbt sich darin auch nur ihre eigene Geburt fort, aus dem Schaum – den das Meer aufwarf, nachdem die abgetrennten Geschlechtsteile ihres Vaters Uranos darin versunken waren.

Bild: Hans Georg Aenis

Mozarts Spatzenmesse hat sich gemäss ihrem Untertitel „brevis et solemnis" um eine für ihre Zeit denkwürdige Kombination bemüht: Sollte die gesamte Liturgie nur dreiviertel Stunden dauern, so mussten ihre musikalischen Teile deutlich knapper gehalten werden, als es die üblicherweise erhobene Forderung nach prunkvoller Feierlichkeit mit sich brachte.

Mozarts „besonderem Studium für diese Kompositionsart", wie er selbst im Herbst 1776 nach Bologna schrieb, gelang dies mit Polytexturen in zyklischer Gedrängtheit und der Besetzung ihrer eingängigen Melodien mit Pauken und Trompeten. Namensgebend wurde allerdings ein Motiv der Violinen, die in Sanctus und Benedictus wieder und wieder mit fis-g-Synkopen die Texte „pleni sunt coeli" und „hosanna in excelsis" einleiten, um sich ganz zum Schluss kurzzeitig zu einem gesteigerten h-c-Ruf aufzuschwingen. Ob die musiktheoretische Kritik den Spatzen Unrecht tut, wenn sie Mozarts Messe als schwächstes kirchenmusikalisches Werk diskreditiert, ist mir völlig gleichgültig. Denn erfüllt sind die Himmel und der flehentliche Jubelruf: „Hilf doch!" erschallt immerfort in den Höhen dank der dort tschilpenden Sperlinge.

Und wenn dies auch nicht allen Hörenden so ergeht, dieweil sie den liturgischen oder konzertanten Klängen lauschen, und selbst wenn niemand ausser mir mitjubelt mit den Spatzen und über sie, ich bin dem Salzburger dankbar für die passer in den Violinen und für sein Requiem.

In Ungarn hat sich eine Gruppe von Forschern auf die Erkundung der Lebensweise und -umstände von passer domesticus spezialisiert.

Aber auch auf den Färöerinseln und im Kosovo, in Indien, Südafrika und England, in Neuseeland, Brasilien und Norwegen widmen sich Menschen auf wissenschaftlichen Wegen den Hausspatzen. Sie fragen nach Verbreitungs- und Vermehrungsbedingungen, untersuchen Schwermetallbelastung und Krankheitsübertragung, Nahrungskonkurrenz und Problemlöseverhalten. All dies lese ich zuweilen interessiert und mitunter mit echter Anteilnahme für die klugen Forschungsdesigns, den immensen Aufwand und geringfügigen Erkenntniszuwachs. Ich finde zumindest den Gedanken sympathisch, dass andere auf dieser belebten Kugel zur gleichen Zeit ihre Aufmerksamkeit auf die Sperlinge richten, auch wenn ich nichts über deren Lebensweisen und -umstände weiss. Es stimmt mich heiter, mir die über den Globus wandernden Zeitzonen vorzustellen und die mit ihnen ihre Arbeit aufnehmenden und beendenden Forscher, wie sie ihr Tagwerk dem Tagesverlauf der Spatzen widmen.

Und auch wenn einem der Ertrag ihrer Arbeit klein und die Bedeutung ihrer Erkenntnisse gering erscheinen mag, bin ich doch froh, dass sie sich nicht unheiltragenden Experimenten und menschenverachtendem Denken zuwenden, sondern den Spatzen. Es mag ja wohl sein, dass ihre Arbeit auf diese Weise mehr zur Erhaltung der Menschlichkeit beiträgt als so manche welterschütternde Forschung. Ich zumindest will dies wohl hoffen.

An die Mauer hatte er sich gelegt, die Arme hinterm Kopf verschränkt, um ein wenig auszuruhen. Es war ein langer und beschwerlicher Tag gewesen, dessen Verlauf ihn die ganze Bandbreite menschlicher Gefühle hatte durchleben lassen. Es war anstrengend gewesen und jetzt war er müde und immer noch aufgewühlt von all dem, was geschehen war. Frühmorgens noch hatten sie ihn gefeiert, hatten ein Festmahl zu Ehren seiner Rückkehr aufgetischt. Voll Erinnerung an all das überwundene Leid schickte er seinen Sohn aus, einen Armen als Gast hinzuzuladen. Doch der kam zurück mit der Nachricht, dass mitten auf dem Marktplatz ein Toter läge, Opfer eines Mordanschlags, unbeerdigt, wie es nicht sein durfte. Da war er losgelaufen, hatte den Toten versteckt und dann, nach Sonnenuntergang, vergraben. Er war müde geworden, so müde wie noch nie in seinem Leben, schien es ihm. Er schaute hinauf zu den Sternen, die hier, im Schatten der Hofmauer so klar leuchteten, so unzählbar den Himmel schmückten, dass ihre Schönheit ihn rührte. Es war still geworden, so still, dass er hörte, wie die Spatzen, die über ihm in der Mauer brüteten, sich in ihren Nestern bewegten. „Ach, die Spatzen!", dachte er.

„Da liessen die Sperlinge ihren warmen Kot in meine offenen Augen fallen, und es bildeten sich weisse Flecken in meinen Augen." Und Tobit erblindete für viele Jahre.

Ich denke oft mit Schrecken an Tobit, sind mir doch die Spatzen recht eigentlich zu Augenöffnern geworden – und ihm schliesslich wohl auch.

Gestern sass die Taxishecke an der Strassenkreuzung ganz und gar voller Spatzen, so gedrängt, dass sie mir erschien wie eine Wand aus zwitschernden Leibern. Und heute fand ich dort nur ein einzelnes Sperlingspaar, und das auch erst, als es fortflog; so still hatte es gesessen zwischen den Blättern.

Und wie anders kam mir mein Sitzen da jeweils vor, am gleichen Ort. Es ist wohl so, dass eine Schwalbe noch keinen Sommer macht, doch die Sperlinge öffnen mir die Welt. Zuweilen geschieht dann wohl gar nichts anderes als auch ohne sie, doch sehe ich es anders und auch anderes. Und auch, oder mehr noch: gerade wenn ich noch nichts von der Anwesenheit der Spatzen weiss, wie vor jener Hecke, bemerke ich es an einer gesteigerten Aufnahmefähigkeit für die sogenannten kleinen Dinge und, was mehr sein mag: an meiner gesteigerten Bereitschaft, ihnen in mir Raum zuzugestehen. Und also sehe ich das sich im Rinnstein drehende Blatt und das in den Fugen der Steine wachsende Gras. Die Spatzenwand im Rücken aber vermeine ich gar, in diesen Übersehbarkeiten und Nichtigkeiten den Weltzusammenhang zu erahnen. Ihr vielhundertfältiges Durcheinander nimmt mich mit sich wie sonst nur das Flappen der Dünung und ihr Auslaufen ins Land.

Es mag ja sein, dass es des einen Weltzusammenhanges für manche Zeitgenossen nicht bedarf, allein: Was wäre damit gewonnen für die Spatzen, die Welt und mein Sitzen an der Strassenkreuzung?

Und gestern ging das Kind an meiner Seite die Strasse entlang. Und auf den Feldern stand noch eine Reihe verblühter Sonnenblumen, auf deren hängenden Köpfen Sperlinge sassen.

Von weitem hatte ich nur die tristen, blattlos wirkenden Stängel im Gegenlicht gesehen, dann erst die Vogelleiber auf den schwankenden handtellergrossen Blüten. Doch gerade als ich das Kind auf die Tiere aufmerksam machen wollte, zeigte es seinerseits hinauf zum First des Hauses, an dem wir soeben vorübergingen. Dort oben sass nun Spatz an Spatz so dicht gedrängt, dass für jeden Neuankömmling einer auffliegen musste und den Platz räumen. Alle knabberten sie eifrig auf den Keimen, die sie vom gegenüberliegenden Acker herbeigetragen hatten, und fortwährend kamen neue Spatzen mit einzelnen Körnern oder ganzen Brocken im Schnabel hinzugeflogen. Kaum war ich der Geste der Kinderhand gefolgt, geschah es, dass einem der passer das ausnehmend grosse, mühsam herangeschaffte Stück aus dem Blütenboden wieder entfiel und die Dachziegel entlangkullerte, aufhüpfend, fortspringend. Und der Vogel setzte ihm nach in einem abenteuerlichen Sprung in die Luft, drehte sich dabei, flatterte behände weiter und erwischte es mit aufgerissenem Schnabel, als die Frucht über die Regenrinne hinweg zu Boden fiel, im Flug.

Wir standen eine Weile still da. Kurz dachte ich daran, etwas über das Fortgetragen- und Aufgefangen-Werden zu sagen, doch dann liess ich es gerade noch rechtzeitig bleiben, denn jetzt flog der ganze Schwarm auf vom Feld vor der tief stehenden Sonne.

Es gibt Tage, an denen ich keinen Spatz zu Gesicht bekomme. Wohl tschilpt es einmal aus dem dichten Blattwerk der Platanen über mir und vor dem Eindunkeln höre ich entlang des Velowegs hier und da ein bekanntes Rufen, doch zeigt sich mir kein einziger Vogel.

Je länger dieser Zustand währt, umso stärker wachsen in mir die Zweifel, ob nicht ich selbst ihn verursache, da ich ja gar nie innegehalten habe heute, sondern unablässig unterwegs war und unaufmerksam. Haben sich mir denn nicht zuverlässig die Sperlinge gezeigt, sobald ich absichtslos zur Ruhe fand? Und es war dabei doch vollständig gleichgültig, ob es sich um einen Park oder eine Strassenschlucht, eine Verkehrsinsel oder das Meeresufer handelte. Wie auch immer es geschehen sein mag: die Spatzen wussten mich zu finden und stellten sich ein, oft von oben her in einem schwebenden Bogen zu Boden gehend und selten, ganz selten nur, alleine bleibend, sondern rasch gefolgt von dem einen oder mehreren Artgenossen.

Wie trostlos ist mir zunächst ein sperlingsloser Tag, und wie augen- und sodann auch gemütsöffnend wird er mir im Nachdenken am folgenden. Ein untrüglicher Hinweis auf meine eigene Verlorenheit ist mir so die Abwesenheit der Spatzen geworden und darin der beiläufige Kleinvogel zur psychologischen Haupt- und Staatssache meiner inneren Verfassung. Selbst meinen Tagen der unsichtbaren Sperlinge bleibt mein Dank eingeschrieben.

„Gott vereint alle, die sich lieben", sang Giovanna Gassion. Nachdem sie als Vierjährige erblindet war und ihre Heilung davon zeitlebens einer Wallfahrt zur heiligen Therese von Lisieux zuschrieb, wurde sie unter dem Namen „la môm piaf" schliesslich weltberühmt: Edith Piaf, der Spatz von Paris.

Jean Cocteau wird zugeschrieben, sie habe gesungen, als risse sie sich die Seele aus dem Leib. Und die kleine Therese schreibt am 17. September an die Schwester Marie de Sacre Coeur voll Dankbarkeit von ihrer *blinden* Hoffnung. Vielleicht tritt ja im Leben beider Frauen etwas zutage vom Vertrauen, auch die eigene Kleinheit, die wohlbekannten Schwächen und Fehler seien letztlich ein Teil des Weges, den jeder zu gehen habe. Und so wie im Annehmen ihrer Spatzenhaftigkeit Giovanna und Therese zu einer Grösse fanden, die sie über ihre Zeit hinaushob, so will auch ich voll Hoffnung mein Inneres vertrauensvoll hinhalten, sei dies nun Herz, Hirn oder Seele eines Spatzen. Es mag wohl sein, dass sich mir alsdann wie den beiden kleinen grossen Frauen ein neues Lied schenkt, eine neue Liebe, eine neue Hoffnung.

Die Spatzen wissen von all dem vielleicht nichts, doch blind in ihrer Hoffnung und vereint in der Liebe zu allem sind sie mir seit jeher erschienen, so dass mir die Heilung damals wie heute alles andere als unwahrscheinlich erscheint. Wahrhaftig höre ich ihrem Singen oft so zu, als zerrisse es mich und vereine mich zugleich wieder.

In seiner Kolumne über Johnsons Fernbleiben umschreibt Peter Bichsel den Tod seines Freundes Rolf Dietler, der ihm zu Lebzeiten eine Geschichte erzählt hatte, in der ein Spatz auf einem Dachfirst sitzt.

Und auch, wenn er zweifelt, ob Spatzen warten können, und mutmasst, dass sie uns wohl eher an das Warten erinnerten; und selbst wenn er – wie weiland Walser die speckmockige Wurst – detailtreu beschreibt, wie ein kleiner Spatz im Spätsommer auf die Rückkehr einer Amsel wartet, die er zuvor ob ihres Gesangs bestaunt hatte, die aber eines Tages nicht zurückkam; und nicht zuletzt, wenn er den durch den Verlust frei gewordenen Platz *nicht* vom Spatz besetzen lässt, sondern die Leere gerade als Hinüberführer ins Warten auffasst: Ich mag den so liebevoll geschilderten Sperling, der frech und klein und schnell ist, wie immer, der aber hier, in Bichsels dem Dietler nacherzählter Lesart all das ist, wozu vielleicht nur die Trauer um den Verlust eines anderen einen Menschen erziehen kann: rücksichtsvoll, zurückhaltend und demütig.

Und selbstverständlich ist der grosse schweizerische Poet all dies viel zu sehr in seinem Selbstverständnis, als dass er dergleichen Worte anführen würde, um seinem Warten Ausdruck zu verleihen. Einzig, dass er dem Spatz das Warten abspricht, verdriesst mich.

Im Trottoir ist zwischen den glattgeschliffenen Platten eine Rinne aus Granitklötzen eingelassen, in der sich bei Regen das Wasser sammelt und nach einiger Zeit entlang der Fugen zwischen den rauhen Steinen in kleinen handtellergrossen Lachen stehenbleibt. In einer dieser Pfützen badet ein Spatz, während die letzten Tropfen des nachlassenden Sprühregens auf ihn niedergehen.

Er lässt sich dazu ganz über seine Füsse niedersinken, duckt sich mit überstrecktem Rückgrat flach zu Boden, winkelt die Flügel leicht nach aussen und plustert die Federn so weit auf, dass sein Leib zu einer flauschigen Kugel wird. Alsdann ruckelt er sich zurecht, bis sein ganzer Körper im Wasser zu liegen kommt. Und dort schüttelt er, den Brustlatz wieder und wieder zu Boden stossend, sich das Pfützenwasser ins Gefieder und zugleich wieder heraus. Derweil sitzt seine Gefährtin etwas beiseits am Rand der Wasserfläche und trinkt vom Badewasser, indem sie den Körper über den Schwerpunkt kippen lässt, vorwärts den Kopf waagerecht zur Pfütze, rücklings die Schnabelunterseite zeigend. Es scheint ihr wohl zu schmecken.

Wie freut mich der Anblick des Paares, das sich da zu meinen Füssen an allem Guten freut. Und hatte ich nicht noch kurz zuvor über den Regenschauer vor mich hin geschimpft? Jetzt rufen die Spatzen in B. die Sperlinge von San Masseo in mir wach, die zusammengekauert unter dem Dachvorsprung sassen, derweil wir im Regen tanzten.

Vom Vorteil der wärmenden Nähe und dem wundervollen Gefühl, zwischen zwei zugewandten Freunden sich geborgen zu wissen, weiss Christian Morgenstern zu sprechen.

So schlicht als Kinderverse kommt es daher, sein Sinnbild für das Allernotwendigste, und gerade ihm, der in seinen Galgenliedern nichts weniger als die Abgründe der conditio humana auslotete, fliegen dazu die Spatzen zu und mit ihnen die Jedermannsnamen seiner Zeit Erich, Franz und Hans. Doch wie sich ihm dann in nur einem Vers das bedrohliche Elend und die rettende Gestalt zugleich ins Wort fügt, das ist weit mehr als viele weltkluge Dichter den Sperlingen je abgeschaut haben: „Sie hör'n alle drei ihrer Herzlein Gepoch'", um alsdann lakonisch bis desinteressiert an ihrem weiteren Schicksal zu enden. Wen kümmert's auch, was aus ihrer Freundschaft wurde in Winter und Schneefall und Nacht? Wenn nur dies bleibt, an den Spatzen gesehen, ihnen zu- und zurückgeschrieben und also für uns zur Kenntlichkeit gebracht durch den Verdichter seiner Anschauung. Im Morgenstern'schen „Gepoch" verschieben sich die Grenzen zwischen mir und dir einmal mehr, so schwer es auch schon allein wiegen mag, des eigenen „Herzleins Gepoch'" zu „hör'n".

Und so werden mir die Sperlinge erneut zu Mahn- und Weckrufvögeln, mein inneres Ohr jetzt dorthin zu lenken und zu den Herzen der neben mir Sitzenden.

So viele Spatzen, wie es gibt, so oft kann ich gar nicht an dich denken." Und wie zur Verdeutlichung schwirrt es einmal mehr zugleich mit ihren Worten über uns hin von flügelschlagenden Körpern.

Woher kommen die Wörter zur Zeit und die Sperlinge und die Fügungen der Gleichzeitigkeit? Zu gerne würde ich nun etwas sagen, was der Güte ihrer Worte auch nur ein wenig nahe käme, doch auf noch einen Schwarm auffliegender passer gleich jetzt zu hoffen, scheint mir allzu vermessen. Und das halbe Dutzend Spatzen, das noch vor uns im Gras hockt, wird vielleicht nicht einmal die Köpfe heben, wenn ich den Mund öffne. Doch wenn schon: Ich könnte es wohl einmal wagen; wer weiss, was mich trägt und so dann uns hinüber und hinfort. Es gäbe ja einen ganzen Haufen Dinge, die ich herbeizuzitieren vermöchte, doch unvergleichlich bleibt mein Eingedenken ihrer Gegenwart hinter ihrer ins Unendliche strebenden Gleichung zurück, gerade weil sie ja genau dies eingesteht. Es gibt also keine – nicht einmal eine allein denkbare – Steigerung zu der von ihr eröffneten Relation.

Derweil sind vier Spatzen weitergeflogen und das eine verbleibende Paar schaut zu mir hinauf, als wolle es nun von mir endlich einmal wissen, weshalb ich immer noch da bin. Und sie werden mir gewiss genügen, die beiden Spatzen, wie viele es auch immer geben mag, um jetzt an dich zu denken.

Noch nie habe ich nachts einen lebendigen Sperling gesehen, weder am Boden sitzend noch gar umherfliegend im Dunkel.

Spatzen leben am Tag und im Licht. Sie erwachen als eine der letzten Vogelarten und suchen ihre Schlafbäume lange vor dem Eindunkeln auf. Und so werden sie immer unsichtbarer, je kürzer die Tage werden, und daher ist es mir schon oft so erschienen, als seien sie Zugvögel: Je mehr die Wintersonnenwende nahte, um so seltener zeigte sich einer der ihren. Doch geschah dies schlicht, weil die mir und ihnen gemeinsam verbliebene Zeit, um einander im Licht des Tages zu begegnen, so kurz geworden war und aus keinem anderen Grund. Und so ist es mir schon mit manchem ergangen, sei es die Nachbarsfamilie, die nur im Sommer auf dem Balkon erscheint, der alte Herr, der im Winter immerzu aus dem Fahrstuhl heraustritt, sobald ich mein Velo aus dem Keller herausmanövriere und ganz sicher auch die beiden grauen Katzen am gegenüberliegenden Stockwerksfenster, die mit dem Herbst (und der einsetzenden Heizperiode, die ihren Lauervorsprung unangenehm künstlich erwärmt?) verschwinden. Sie alle haben ihre eigentümlichen Gewohnheiten, nicht ins letzte verstehbare Rhythmen, die ihr Kommen und Gehen regeln und es mir willkürlich erscheinen lassen.

Die Sperlinge ruhen während der Dunkelheit. Sie sitzen in ihren Schlafbäumen dicht an dicht und kümmern sich wohl kaum um die Schrecken der Finsternisse; ganz sicher aber nicht um mein ängstliches Ausschauhalten nach ihnen während derselben.

„Können Spatzen riechen?", fragt das Kind. Und so, wie ich gar keine Antwort habe, so grundfreundlich ist mir doch die Frage.

Und so, wie ich versucht bin, rasch zu anatomischen, ethologischen und anders -ischen Wissensbeständen Zuflucht zu nehmen, so liebend gern will ich doch noch eine Zeit lang bei der Frage verweilen und den Impuls zur Antwort übergehen. Wenn ich ahne, dass auch ich dergleichen Verwunderungen in mir getragen habe als ich ein Kind war, und jetzt gerade wäre mir wohl, ich könnte dorthin zurückkehren und mit der grössten Selbstverständlichkeit antworten, dass dem ganz sicher so sei und ausserdem hätten die Sperlinge dank ihres ausgeprägten Geruchssinns auch das allerfeinste Weihnachtsgebäck und die raffiniertesten Pasteten herzustellen vermocht in dem Land vor unserer Zeit. Dynastien von Zuckerbäckern seien an den Königshöfen Spatzen gewesen, ehe diese Aufgabe den doch weniger begabten Mäusen zugewiesen worden sei. Aber bis in unsere Tage hinein hätten die Menschen sich eine matte Erinnerung an diese erstaunlichen Fähigkeiten von Spatzen und Mäusen bewahrt, indem sie diese des Mundraubs gerade der leckersten Spezereien bezichtigten.

Vielleicht können Spatzen nicht gut riechen. Mir gefällt dennoch der Gedanke, ihnen jenseits des allzu Offenkundigen zuweilen auch wie einen fantasievollen Schmuck Eigenheiten zuzuschreiben, die so rein erdichtet sind, dass sie ihnen auch von der folgenden und darauf folgenden Generation noch zugetraut werden könnten. Es mag ja wohl sein, dass die sogenannte Phantasie nicht nur eine Flucht- und Schutzwelt schafft, sondern zunächst und vor allem die notwendige Pause, wenn ein Kind fragt.

Nicht nur ziehe ich die Aufmerksamkeit auf mich, indem ich über die scheinbar allerunauffälligsten Spatzen schreibe; nein: es ist offenbar der Schreibprozess als solcher, der Misstrauen erregt.

Und nicht nur heute sitzen alsdann Neugierde nur heischende Inquisitorinnen und Inquisitoren am Tischende und erdreisten sich allerlei sinn- und geschmackloser Blicke. Das allzu offenkundige und leider wohl auch mein nur zaghaftes Schreiben stört. Ich kann mein zögerliches Schreiben von den Sperlingen ausgehen lassen, wann und wo ich will, nur öffentlich sichtbar darf es nicht sein. Zumindest nicht ohne deutlich irritierte Missbilligung all derer, die zuvor noch mit dem tablet vor dem Kopf wildestknipsend einhergestapft waren. Kein Spatz in ihren Datenbanken, zinslose Oberflächenblicke fressen die Festplatten. Immer tiefer ziehe ich mich in meine Verachtung der blödsinnigen Stumpfheit zurück, sitze nun meinerseits taub vor den tschilpenden Sperlingen, blind geworden an meiner Selbstgerechtigkeit.

Und schon will ich der jetzt sich Nahenden, die im Herüberschauen und hinter vorgehaltener Hand mit ihrem Sitznachbarn tuschelnd schon länger mir ungut auffiel, auf ihre wie schnippisch gestellte Frage, was ich denn schriebe, herablassend entgegnen, ungehalten soll es klingen, da reicht sie mir ihre Visitenkarte über die Tischdecke herüber: „Aphrodite" steht dort. Und mir glühen die Ohren und die Spatzen blicken freundlich zu ihrer Göttin hinauf.

„Creavit omnia simul" heisst es im Buch Jesus Sirach. Augustinus deutete dies im Gefolge Origines' als Simultanschöpfung, die auch die Dimension der Zeit umfasse. Ob mir die Versteinerungen am Oberlauf der Donau oder meine Faszination für kosmische Hintergrundstrahlung mehr dazu geholfen haben, in ähnlicher Weise eine allgegenwärtige Gleichzeitigkeit im Stirb und Werde zu erahnen, weiss ich nicht zu sagen. Gewiss aber trägt mir jeder Spatz ein wenig davon zu.

Denn jetzt schon sitzt er dort, wohin er doch gerade erst gehüpft ist, und jetzt ist er auch schon wieder auf und davon geflogen. Und darin reiht sich mir nicht nur ein Bild ans andere, so als sei der Spatz ein Turner oder Springpferd, sondern überblendet sich eins ums andere, und mehr noch: belichtet sich wieder und wieder und schreibt sich ineinander ein, bis ich im Sitzenden den Fliegenden wie auch den Aufhüpfenden sehe und einen nicht vom anderen zu unterscheiden weiss. Da brandet unter den Buchenzweigen das Urmeer auf mich ein, und zu meinen Füssen lese ich einen winzigen Ammoniten auf. Unter einem Blatt lugt er hervor, in dessen Silhouette die Fibonacci-Proportionen anklingen.

Und als ich mich zu ihm niederbeuge, sinken da nicht ein Lichtstrahl und ein drehendes Blatt und ein anderer Sperling und doch ganz sicher alle zugleich zu Boden und gleiten über die Versteinerung dort auch in meine Augen und so also durch mich hin und ziehen mich weiter und – nunc stans – da stehe ich schon und gehe und fliege immer noch, spatzengleich.

Spatzen gelten als „kältetapfer". Sie trotzen den sinkenden Temperaturen, aber weder fliehen noch lieben sie diese.

Forscher haben herausgefunden, dass die Haut der Sperlinge im Winter nur halb so wasserdurchlässig ist wie im Sommer. Hierzu lagern sie in tiefen Schichten Cerebrosid und Ceramid ein. Und auch wenn dies zunächst klingt, als seien emsige Zwerge unter Tage in Bergwerksstollen tätig, handelt es sich doch um die Ergebnisse von Absorptionsanalysen von Hautschichten im Infrarotspektrum. Fett schützt vor Kälte! Eigentlich trivial, da so die Mehrzahl aller Lebewesen vorgeht, und die „Der Winterspeck muss weg!"-Slogans den Fitnessstudios zuverlässig saisonale Umsatzsteigerungen bescheren. Zum Ausgleich für das allenthalben fehlende Sonnenlicht lässt sich der Serotoninspiegel ja auch durch mehr Futtern aufrechterhalten. Und zur Not gibt es schliesslich noch die Strategie des sich Aufplusterns. Dieses unter Menschen distanzwahrende und kälteerzeugende Verhalten wirkt unter Sperlingen erfreulich gegenteilig: Sie kommen sich so näher, was wärmt, und puffern die Luftschicht nahe an ihrem Körper gegen gefährlich kühlenden Austausch ab.

Ich bin alles andere als „kältetapfer". Und von Winter zu Winter nimmt meine Bereitschaft zu, vor den sinkenden Temperaturen beherzt zu fliehen. Wenn eine menschliche Entscheidung auch in meinen Augen je das Attribut „kältetapfer" verdient hat, dann allenfalls diejenige, die Kutusov in Fili traf, als er das innerste Zentrum der eigenen Integrität dem napoleonischen Drängen preisgab und, ja doch: allertapferst sich in die Kälte zurückzog.

Das muntere Völkchen der Marktplatzspatzen hat heute früh wieder einmal sein ganzes Repertoire gezeigt.

Dass sich die Menschen, zwischen denen sich all dies abspielt, scheinbar nicht für sie interessieren, mag auch von einer Weise der Scham herrühren. Keiner meiner Artgenossen wäscht sich ja hier öffentlich am Brunnen. Auch habe ich noch nie jemanden dabei zusehen können, wie er sich vor unser aller Augen die Achseln reinigt oder gar die Genitalien, seien diese nun männlich oder weiblich geprägt. Gänzlich fern liegt es uns auch, einander die soeben noch zum Mund geführte Nahrung aus demselben zu zerren oder gar aus der Hand zu schlagen, um triumphierend mit dieser davonzuziehen; von selten auftretenden Ausnahmen wie Säuglingen, Verliebten und Pubertierenden einmal abgesehen, was von den Zusehenden dann wiederum mit unverhohlenem Ekel, mit Neugierde oder Eifersucht, in jedem Fall aber von starken emotionalen Irritationen begleitet, kommentiert wird. Zumindest sprachlich wenden wir uns ab oder schauen gar gezielt verstört zu Boden, wo jetzt ein weiterer schamvoll zu beschweigender Beitrag der Spatzen in der Sonne bleicht: ihr Kot. Das öffentliche Leben der Sperlinge ist in so vielfacher Hinsicht unverschämt, dass es bei einigem Nachdenken kaum verwundert, weshalb wir sie unserer bewussten Wahrnehmung entgleiten lassen.

Ich schaue hinüber zu den Marktplatzspatzen, die Tag für Tag ihr Leben entfalten im öffentlichen Raum und so mir diesen Raum und diesen Tag allererst eröffnen und alle kommenden, an denen ich hinaus treten werde in die offene Fläche. Ob Forum oder Agora – mir ist kein ziviler Ort öffentlicher Menschenansammlung denkbar ohne Spatzen.

Foto: Guido Schaerli

Wie freue ich mich über jeden, der mit mir meine Freude teilt an den Sperlingen.

Selbst wenn es fast immer einer öffnenden Ermunterung bedarf, ehe meine Zeitgenossen mir zu verstehen geben, ob sie den alltäglichen passer ihre Aufmerksamkeit schenken oder ob diese für sie längst unterhalb der Wahrnehmungsschwelle, gleichsam nur noch in einem opaken Paralleluniversum, existieren. Häufig erlebe ich dann, dass es die vielzahligen Ansammlungen sind, die ihnen nach wie vor Eindruck machen, die Schwärme, die sich wie das Wehen in Vorhangstoffen auf ihre Schlafbäume niederlassen oder wie das stumme Dröhnen des Nordlichts entlang des Horizonts verschieben. Ganz selten nur sind es die kleineren Gruppen, die gerade jetzt in ihren Gartenbüschen schwadronieren oder, wieder jetzt, zu unseren Füssen einherhüpfen. Und vollends freue ich mich, höre ich einem zu, der mir einen einzelnen Spatz oder ein Paar schildert, so dass ich ihrer angesichtig werde im Zuhören, zu dem ich dann auch bisweilen die Augen schliesse, zur Verwunderung meiner Gegenüber, die aber doch kaum je zu Gesten Hilfe nehmen, sondern ganz in den von ihnen gefundenen Wörtern, ihren von den Sperlingen mitgeführten geoffenbarten Wörtern mir die Spatzen hinüberreichen in der Luft.

Den Menschen, die mit mir so weit mehr als nur die Zeitgenossenschaft teilen, bleibe ich über die Jahre hinaus zugetan. Und manch Verwandter und vermeintlich guter Freund kam mir abhanden im Weitergehen, nie aber die Sperlingsfreunde, verteilt zwischen den Wendekreisen, verbunden in einem unsichtbaren Meridian.

Ein menschliches Herz pulsiert etwa 80 Mal in der Minute, das eines Haussperling mehr als elf Mal häufiger. So hält der Metabolismus der Spatzen eine Körpertemperatur von über 43,5 Grad aufrecht. Ihr Herz schlägt unter dem kielförmigen Brustbeinkamm, dem die Spatzen ihre Zuordnung zu den Carinatae verdanken, den Kielbrustvögeln, bei denen das Sternum zugleich als Ansatzpunkt für die Flugmuskulatur dient.

Ich schaue dem Jungen zu, der mir dies erklärt, dieweil sein rechter Mittelfinger, an den Zeigefinger gelehnt, nach dem Herzschlag des Vogels tastet, der, auf dem Rücken gekehrt, in seiner linken Handfläche liegt. Seine Fingerspitzen schieben nur ein paar Oberfedern zur Seite, dann breitet sich auf seinem Gesicht eine zufriedene Gelöstheit aus, der die vorgängige konzentrierte Anspannung weicht. Seine Scheitelhaare fallen ihm leicht in die Stirn und verschatten die Augen, die weiter unverwandt auf den Spatz gerichtet sind. So viel Aufmerksamkeit und Kenntnisreichtum sah ich zuletzt an ihm, als er mir vor mehr als Jahresfrist von Velociraptoren und anderen Theropoden der Oberkreide berichtete, auch da schon mit der für ihn mittlerweile so typisch gewordenen Versunkenheit und spärlichen Mimik.

Und jetzt der Sperling in seiner Hand lässt mich hoffen, dass auch er sich zumindest zeitweilig rücklings wird tragen lassen können, wenn auch vielleicht mit beschleunigtem Pulsschlag. Von Herzen aber wünsche ich, dass er allezeit weite Felder finden möge für seine leidenschaftliche Neugier und das achtsame Verschieben unter den tastenden Fingerkuppen.

Hab' gewachet und bin worden wie ein Spatz, der einsam sitzt auf dem Dach." Und weiter: „Ich muss mich Tag und Nacht wie ein einsamer Spatz beklagen." So Giovanni Baptist da Dece, 1730 sich in seinen Busspsalmen den „Sieben Schmerzen der Jungfrau Maria" zuschreibend.

Was anders macht den Spatz zum emblematischen Vogel von Leid und Klage, wenn nicht das ihm beigegebene „einsam"? Und so wäre dann das Inbild freudiger Erlösung der vergemeinschaftete passer, das Paar, die Schar, das Schock, der Pulk, der Schwarm, alles, nur nicht der eine Spatz in der Vereinzelung. Wirklich halte ja auch ich stets Ausschau nach den weiteren, sobald sich ein Sperling nur zeigt, und es ist mir noch nie geschehen, dass dieser eine einsam blieb. Es mag sein, dass sie mir von daher so freundlich scheinen. Und ebenso stimmig ist mir denn auch die Metamorphose des übernächtigten Jammers in das Bild des passers, der hier für einmal auf dem Dach sitzt, wo sonst doch stets die Tauben imaginiert werden, nur eben einsam, und also als Inbegriff der selbstmitleidswürdigen Kreatur. Auch dass Da Dece gerade den Spatz zur Verdeutlichung der Qualen Mariens heranzieht, lässt mich hoffen:

Denn im einsamen Spatz werden mir so wenig Verständigem die Horizonte von Eschatologie und Soteriologie wie bedeutsam für meinen Weg. Ihm vermag ich zu folgen und taste mich also voran durch Tage und Nächte einer so ungewohnten wie mich bedrängenden Einsamkeit. Ihm vertraue ich, einmal hinzugezählt zu werden zu einer anderen Schar.

Mittlerweile gibt es schon Menschen, die den Sperling in ihren ökonomischen Nutzenmaximierungsmodellen zu Leibe rücken.

So haben etwa Ydenberg und Lill die Kosten einer Flucht vor Beutegreifern in Rechnung gestellt zu den allfälligen Kosten, die durch ein längeres Verweilen an einem Futterplatz entstehen können. Wie ein statistisch versierter Rückversicherer taxieren sie die nicht realisierten Gewinne in Abhängigkeit vom Abflugzeitpunkt, den dadurch anfallenden Energieaufwand zugleich als Verlust in ihre Kosten-Nutzen-Matrix einberechnend. Dabei bleibt der Ausgangspunkt derartiger Überlegungen durchaus bedenkenswert, fragen sie doch nach der schwierigen Kunst, selbst mit geringfügigen Mitteln das grösstmögliche Wohl herbeizuführen. Merkwürdig ist denn auch weniger die scheinbar universelle Wahrheit, dass jede wertvolle Entscheidung ihren Preis hat, den es folglich vor meiner tatkräftigen Wahl wohl zu bedenken, wenn nicht gar zu kalkulieren gilt. Stutzig machen aber sollte die unterstellte Intentionalität, der gedankliche Sprung ins Spatzenhirn, das einer ökonomischen Maschine gleich gedacht wird vom Menschenhirn. Ydenberg und Lill sagen darin wohl mehr über ihre eigenen Wahrnehmungsmuster als sie ahnen, indem sie den Tieren Trägheit und Musse, Unaufmerksamkeit, Selbstvergessenheit, Hunger und Müdigkeit schlichtweg nicht als handlungsleitende Motive gelten lassen, wohl aber die Logik der Zweiwertigkeit zur perversen Paradoxie aufsteigern.

Ich will mich unverdrossen an die wichtigen Augenblicke halten, in denen mein Gewinn nicht auf deine Kosten ging. Von nichts anderem habe ich je gelebt.

Je länger ich den Spatzen zu folgen suche, um so abwegiger scheint mir mein Weg zu werden.

Sie sind aber nun schon so lange meine Leuchtbojen in wüster See gewesen, dass mir eine glückende Hafeneinfahrt ohne sie kaum vorstellbar scheint. Zumindest den einen oder anderen hinüberzuretten in die ruhiger strömende Salzflut, will ich hoffen. Vielleicht gehen sie mir jetzt ja schlicht des Winters wegen verloren. Wohl möglich hat ihr Verschwinden so rein nichts mit mir zu schaffen. Weder mein Umherirren noch meine verworrenen Ankünfte, nicht die uferlose Unruhe in mir und selbst nicht das mich wie nichts besänftigende Gleiten des Lichts auf dem Wasser geht ja von ihnen aus. Oder irre ich mich erneut und also auch darin? Zumindest ende ich in meinem Abseitsstehen und stets zögerlicher einsetzenden Weitergehen unwillkürlich bei einem der ihren. Und hatte ihn ja auch schon herbeigekommen sehen an meiner wunschlosen Unruhe, die ihnen zuverlässig vorausgeht. Was auch immer meine Wege mit denen der Sperlinge zu schaffen haben: Je angestrengter ich mich bemühe, umso rascher verliere ich sie aus den Augen. Erst im interesselosen Wohlgefallen, wie es die Alten nannten, kommen sie mir freimütig entgegengehüpft oder schweben ihre Bogensinkflüge mir zur Freude.

Nach Hause zu kommen, eine Heimat zu finden, und so zumindest etymologisch dem Elend zu entgehen, das aber geht doch nur mit den Spatzen. Glück indes bestünde darin, je das anzustreben, was sich mir jetzt ohnehin freigiebig darbietet, und sei es ein Spatz am Wegrand.

Ein Leben, das „sich mit dem Spatz in der Hand in schlauer Resignation zufrieden gibt", schreibt der Bischof.

Wie oft schon ist mir ja ein solches re-contracting zur Ausflucht geraten, wo ich keinen anderen Ausweg mehr fand. Und so schrieb ich mir rasch einen neuen Vertrag und unterzeichnete ihn, wie es mir gefiel. Oder ich baute schwer auffindbare Fehler in eine Kopie ein und verbaute den Rückweg zum Original mit noch grösserer Sorgfalt. Dann verkümmerte ich dort, vorgeblich zufrieden in all meiner Bauernschläue, Vorteil auf Vorteil häufelnd, schlitzohrig und heimlifeiss, jedweden täuschend über den Wasserstand in mir. Ja, schlau gebe ich mich zufrieden, bin es selten und kenne das Glück nicht mehr. Und war es doch als Kind aber immer wieder einmal. Jetzt springt mir der Bischofssatz entgegen und bürdet erneut dem Spatz das altbekannte Bild auf. Und wenn ich ihn mir umdrehte und also wiedergewönne? Mich folglich nicht länger mit all den gebratenen Tauben in Händen zufrieden zu geben, sondern nach dem einen Sperling auf dem Dachfirst Ausschau zu halten, will ich mir angewöhnen.

Es ging doch auch dem Bischof wie den Evangelisten wohl kaum um eine ornithologische oder ästhetische Einschätzung, sondern zuallererst um das verzehrbare Körpervolumen, den scheinfetteren Braten, den ich lassen möge um des anders und allererst mich Nährenden willen. So will ich mir den Spatz auf dem Dach erhalten, nicht schlau, doch dankbar.

Die letzten beiden Tage ist es empfindlich kalt geworden. Die Sperlinge auf dem Absperrgitter sind dichtestmöglich aneinandergerückt und haben sich zu Federbällen aufgeplustert, so dass die Geschlechter nicht voneinander zu unterscheiden sind.

Zu ihren Füssen schieben sich die Körper ähnlich dick und dicht vorüber, und auch hier verschwinden weibliche und männliche Formen unter wattierten Wintermänteln, Schneesportjacken, gewickelten Schals und allerlei Kopfbedeckungen, die von den Physiognomien nicht mehr übriglassen als verschattete Reste in Sicht- und Atemschlitzen. Das Absperrgitter, um dessen obersten Holm die Sperlingsfüsschen starr wie festgefroren gekrallt sind, steckt in den üblichen Betonblöcken und scheppert bei jeder Berührung durch einen der daran Vorüberdrängenden. Und solcherart eingefriedet stehen wohl an die zweihundert Weihnachtsbäume und harren ihrer Bestimmung, auf die andere Seite des Zaunes hinüberzuwechseln, begleitet von den wachsamen Knopfaugenblicken der Spatzen.

Ich will mir die Bäume ansehen gehen und mich dabei glücklich schätzen, in dieser kalten Zeit hier oder da ins Wärmere geholt zu werden, geschützt durch Stahl und Beton vor den allzu rasch strömenden Menschen und von oben allzeit gewiss der so nicht mich beschirmenden, so doch neugierig folgenden Blicke der Spatzen. Was auch geschehen mag: so allein wird mir Weihnachten.

Letzte Nacht träumte mir, dass ich einen Spatz zerträte.

Und heute früh sah ich ihn dann wirklich dort zu meinen Füssen liegen und war aber doch noch gar nicht bis an ihn herangelangt und er war doch auch schon eine Zeit lang tot und lag dort blicklos. Ich mag diese Reihenfolge aus Traum- und Tagesresten gar nicht. Eher noch lass ich mir im Schlaf das umgekehrte Hineinwandern aus vorausgegangenen Erfahrungen gefallen, wiewohl mir die freud'sche Lesart als Tagesreste allzu nichtssagend erscheint. Wieso denn nur schafft es dieser Realpartikel hinein in meine nächtlichen Blicke und andere nicht, die mir tagsüber doch so viel mehr Eindruck machten? Dass der Sperling sich hier wie dort zeigte, ist kaum erklärungsbedürftig nach all meinem Hindenken zu den Allerweltsvögeln. Und auch der leichtfüssige Mord scheint mir in seiner beiläufigen Brutalität als psychodynamischer Reflex immerhin zugänglich. Zögerlich werde ich allein vor dem Zufall, der mir den passer vor die Füsse legte, gleich am Morgen *nachdem* ich ihn träumte. Denn wie entropisch oder stochastisch er auch immer einzuordnen sein mag: Mich beunruhigt die verstörende Fügung des zerquetschten Körpers im Kies mehr als mir lieb ist. Das von Sebald als Zusammenhangswahn umgedeutete Korsakowsche Syndrom fällt mir dazu ein, ist aber ja doch eine Form der Amnesie.

So bleiben mir die abgründigen Fragen, welche Trauminhalte ich vergessen habe, in denen das getötete Vögelchen noch lebendig war, so lebendig, wie es mir nur ein Traum zeigen kann. Und wie es geschehen konnte, dass ich gerade an diesem Morgen einen mir völlig unbekannten Weg nahm.

Wie klein wir waren! Zwei Winzige liebten! In der Freude tollen die Wichtel. Im Schmerz hängen an Sperlingsgelenken die Arme von Bären."

Es ist ein allzu schiefes Bild, auch wenn es übereinstimmen mag mit den Gefühlswelten als Liebende – unter Absehung von eben dieser einen missratenen Metapher. Was weiss der, der das schrieb, schon von der ungeheuerlichen Kraft eines Spatzenknochen und von der grossartigen Lebensbesänftigung ganz grimmiger Bärenhorden durch nur einen einzigen Sperling? Die passer wissen ein Gewicht zu tragen, das den Bärenkräften nur sprachlich aufzubürden ist, unter dem ihre Knochen aber gewiss zusammenbrechen würden. Wie grossartig sind mir Liebende wie Spatzen stets gewesen und wie unzerstörbar in ihrem Zusammentreffen. Mir zerrten im Schmerz meine dumpfen Bärengelenke stets die unverdrossen fröhlich flatternden Sperlingsgedanken zu Boden. Und kein Spatz ist mir je klein erschienen, sobald ich ihn erblickte, wohl aber zuweilen meine Wortklaubereien rund um die passer als allzu kleinlich. Wie der sonst doch bildsichere Uckermarker der so falschen wie offenkundigen Fährte folgen konnte, mag anheimgestellt sein. Mir bleiben die Sperlinge die stimmigsten Scharnier- und Gelenkvögel auf meinen Irrfahrten zwischen weit auseinanderliegenden Welten und abseitigen Gedanken.

Und so wünsche ich mir unverdrossen Sperlingsgelenke und Sperlingsgedanken für mein Spatzenhirn.

Gemäss den hauptsächlich auftretenden Fasern in ihren Flugmuskeln zählen die Spatzen zu einem eigenen Vogeltypus (II A), dessen Muskulatur aerobe und anaerobe Aktivitäten ermöglicht.

Dank ihrer vermögen die Sperlinge sowohl schnelle Muskelkontraktionen als auch länger andauernde Belastungen zu bewerkstelligen. Solcherart bilden die Muster der Fasern die Bewegungsmuster der Spatzen ab, könnten sich aber über evolutionäre Zeiträume hinweg auch ineinander umwandeln, sollten sich die passer beispielsweise zu beutegreifenden Raubvögeln oder Kontinente vermessenden Zugvögeln entwickeln. Derzeit indes entspricht die Kombination aus strapazierfähiger und reaktionsschneller Muskulatur den Anforderungen der Spatzenlebenswelt noch in nachgerade perfekter Weise. Verglichen mit den Pterosauriern, von denen sie mit an Sicherheit grenzender Wahrscheinlichkeit nicht abstammen, ist ihr Gleichgewichtssinn wohl nach wie vor weniger stark ausgeprägt; ob sie aufgrund dessen indes schlechtere Flugakrobaten sind, mag dahingestellt bleiben. Sie sind ja kaum je darauf angewiesen, im Flug ihre Nahrung als Beute zu ergreifen, wie es die ungleich wendigeren Schwalben vermögen und eben auch leisten müssen.

Worin hat mich meine Geschichte geschickt und leistungsstark werden lassen und was blieb nicht alles ungenutzt und verkümmerte? Ob mir indes genug Zeit bleiben wird, mich zu den Sperlingen zu retten, weiss ich nicht. Die Flugsaurier gibt es ja auch nicht mehr.

Der Spatz im Schnee pickt sich seine Lebensration zusammen aus den liegengebliebenen Sämereien. Er wird gebraucht für den Rest dieser Welt. Nichts ist ihm vergleichlich und also setze ich meine Hoffnung in ihn.

Je länger ich ihm zuschaue, um so unwirklicher wird mir all der Schnee und die Kälte. Es ist mir, als glühte der Sperlingskörper das Eis unter seinen Krallenfüsschen hinweg und als schmölze es trotz Nebel und Wind zu zwei winzigen Pfützen, die sich in seinem Weiterhüpfen zu einer schmalen Wasserspur verbänden. So froststeif und reifüberzogen die Zweige über ihm in die fahle Luft ragen, und so verloren sein Körper vor der weissen Fläche erscheint, so lebensfroh und heiter ermutigend ist mir der Spatz. Und auch wenn der Dornwald keine Rosen trägt, oder doch zumindest erst mir noch nicht sichtbare, so will ich doch meinen Blick heften an den futterfindenden Vogel. Erst vor wenigen Jahren wurde mir der einsetzende Winter ja dadurch erträglicher, dass ich zum ersten Mal bewusst die Knospenansätze an den kahlgefallenen Busch- und Baumzweigen ansah.

Und bis heute trotze ich dem widrigen Wetter am wirkungsvollsten, indem ich auf diese Vorboten der gewiss wiederkehrenden Wärme schaue und meinen Blick nicht abirren lasse auf die Schrecken des Eises und der Finsternisse.

Die Spatzen vom Bahnhofsplatz zwitschern in den zurechtgestutzten Baumkronen. Mir hier unten ist so unverständlich, was sie einander mitteilen, wie uneinsichtig, weshalb sie der Bise trotzend im Schatten ausharren, statt sich nur wenige Meter gleisaufwärts von der Mittagssonne wärmen zu lassen.

Und schon lächel ich über meine ebenso rührende wie lächerliche anthropozentrische Überheblichkeit, die mich denken lässt, ihnen ginge es wie mir mit dem Eisregen und der in alle Stoffritzen kriechenden Kälte. Sind sie aber nicht heiter und vergnügt, sonnig und fröhlich, wie sie dort die äussersten Knospen beknabbern und kopfnickend einherhüpfen wie im Sommer? Was weiss ich schon von den Sperlingen? Auch nach Jahren kann ich ja nicht sagen, wie den zwei, drei aufgeplusterten Federbollen in ihren Astgabeln zumute ist, oder doch zumindest, ob deren Körpertemperatur dank ihrer Strategie nun höher liegt als die ihrer eifrig bewegten Artgenossen. Und selbst wenn ich dies wüsste, so blieb mir dennoch verschlossen, und wie schön ist das, weshalb meine Spezies einander bei Kälte mürrisch aus dem Weg geht, derweil die Sperlinge sich zueinander halten. Doch ist nicht auch das Teil einer narzisstischen Projektion, die den Spatzen in idealischer Verklärung aufbürdet, was sie selbst allererst zu erbringen hätte und zu leisten fähig wäre?

Scheinbar könnte ich, jetzt in der wärmeren Trambahn sitzend, mein Gegenüber anlächeln. Und scheinbar wird mir wärmer und dem bislang so verloren wirkenden Gesicht des anderen auch, denn auch dies lächelt nun müde. Was bleibt, stiften die Spatzen.

Zwei Spatzen, beieinander im Strassenstaub sitzend, sind ein Paar. So will es die Sehgewohnheit.

Er soll mit ihr sein und sie mit ihm, wie Adam und Eva einander zugewiesen und zugetan. Nicht gedacht war, dass sie desgleichen voll Hass und Verachtung gewährleisteten. Doch was soll's? Jedes bringt die ihm eigentümliche Reise zu Ende und tut das, was es sich vorgenommen hat oder was ihm seit Generationen aufgetragen wurde, dereinst nach dem Erwachen, auszusetzen in die Welt, am anderen, der des Wegs kommt, ausgebrütet über Jahrzehnte hinweg, so nicht seit Jahrhunderten. „Ich gebe dir mein Leben", sagt die Spätzin zum Spatz und meint es so. „Ich nehme dir dein Leben", das käme keinem passer in den Sinn. Was auch immer geschieht: Eine passagere Existenz vermag nicht mehr einzulösen als das gegebene Versprechen, das *eigene* Leben gelten zu lassen. Dass des je anderen widerfährt mir, so gesehen, stets auch als Einschränkung, Bedrohung, Verhängnis. Und doch: Welche narzisstische Verblendung liegt in dieser eingekapselt und verkennt die zeitgleich im anderen mitgegebene Ermöglichung, Befähigung und lebensfreudige Ermutigung.

Derweil sind die beiden Spatzen aufgeflogen, ganz kurz nacheinander, und flattern jetzt, immer noch als Paar sehbar, in ihrem weiten Bogen unter den mitziehenden Wolken, weit mehr als eine optische Konvention.

Auf dem Dach der Imbissbude sitzt ein Sperlingsschwarm und äugt vieldutzendköpfig hinunter auf das Marktplatzgeschehen.

Von Zeit zu Zeit fliegen nahezu alle zugleich auf und davon scheint das Imbissbudendach leicht nachzuzittern, zumindest sieht es von hier, aus dem Café am Platz, so aus, als vibriere die Spiegelung der Rathaussilhouette in den vereinzelt noch hängengebliebenen Tropfen des geschmolzenen Schnees. Erst nachdem die Vögel wohl drei, vier Mal fortgeflogen und zurückgekehrt sind, fällt mir auf, dass auf keinem der übrigen Marktstände ein Spatz hockt. Und so sehr ich auch Ausschau halte entlang der Dächer von Karren, Anhängern und Verkaufswagen, finde ich doch nirgends auch nur einen einzigen. Sämtliche Marktplatzspatzen versammeln sich auf diesem einen holzschindelgedeckten Bäckereistand, und von meiner allzu entfernten Beobachtungswarte aus vermag ich nicht zu entscheiden, ob es der Geruch der Brote, die aufsteigende Wärme aus der Verkaufsfläche oder die Beschaffenheit der hölzernen Dachbedeckung ist, was sie nach jedem Ausschwärmen wieder allesamt hierher zurückkehren lässt. Wenngleich ich also weder erkennen, was sie letztlich zurückführt, noch weiss, ob die mir sinnfälligen Aspekte für die Sperlinge überhaupt motivbildenden Charakter haben, oder wie es angeht, dass was auch immer auf ausnahmslos alle Spatzen in gleicher Weise wirkt:

Ich freue mich am Blick auf den versammelten Schwarm, der hinunterblickt auf die Marktplatzmenschen.

So flink vorüber fliegt der Vogel, so furchtbar kalt ist es letzte Nacht geworden, dass meine Augenwinkelmuskulatur ihm nicht zu folgen vermag. Irgendwo dort im Bodengesträuch ist er aber doch gelandet.

Ich wende mich um und gehe ihm nach, zurück auf meinem Weg. Zwischen die vielfach verhakten Zweige dringt mein Blick so tief als möglich, ohne ihn indes auszumachen. Schon will ich meinen Weg wieder aufnehmen, wende mich also erneut dem Trottoir zu, da fliegt er auf und davon zum nächsten Baum. Nicht im Unterholz hatte er gehockt, sondern zuoberst auf den Zweigspitzen, verborgen meinem suchenden Auge nicht durch sein Eintauchen unter den Schutz des Gebüschs, sondern die tarnende Zeichnung seines Gefieders und die irrige Fokussierung meiner Pupille, die den Spatzenkörper auf dem Busch unscharf werden liess, verwischte, auflöste und verbarg. Und darin wird mir der fliegende Sperling zum Erinnerungsbild an so manche erfolglose Suchbewegung meines Lebens, in der ich wohl am richtigen Ort stand und auch rechtzeitig schaute, worauf meine Aufmerksamkeit jetzt zu lenken war, um zu bestehen, allein: Meinem Hinsehen die erforderliche Tiefenschärfe beizugeben, vermochte ich nicht. Und so irrlichterte der bemühte Blick angestrengt und zusehends resigniert durch das ach so komplexe Gestrüpp des Geschehens, ohne das allzu Offenkundige, zuoberst Aufsitzende wahrzunehmen.

Da es gerade mein angestrengtes Fokussieren ist, dem der Spatz entgeht: Wie übe ich mich also im demgemäss heiter schweifenden Blick besser, wenn nicht im Weiterschauen auf die Sperlinge?

Bild: Hans Georg Aenis

Und gestern zum ersten Mal seit langem wieder das Tschilpen der Spatzen schon von weitem. Und dann im Weitergehen der erwachende Schlafbaum voller Sperlinge im Vorgarten der Häuserzeile.

Und von dort steigt der Gesang der Vögel auf zum Himmel, der über der Strasse blaut. Und so wird mir der Tag endlich wieder zu einem, an dem die Strassenschlucht zu einem Graben schrumpft und sich gar, als das Tschilpen sich zum Zetern steigert und der Schwarm schockweise den Baum verlässt, über die Dachfirste wölbt und mit ihnen hinweghebt. Wie lange schon habe ich euch nicht mehr gehört und wie verloren bin ich mir gegangen seither? Doch seit ich gestern an euch vorüberging, ihr frühlingsheischenden Spatzen, ist mir der Himmel wieder näher gerückt, und ich ging doch auf der gleichen Strasse weiter und dachte gar, es ginge bergab mit mir. „Es hebt mich", schreibt der Dichter und mir war zuletzt nur noch zum Kotzen zu Mute. Und immer noch kann ich mich ja nicht selbst hinüberretten aus der grauenhaften Schlucht in ein himmlischeres Elysium. Wohl aber gibt mir der Schlafbaum der Spatzen neuen Mut, hier, wo ich bin, weiterzugehen.

Dass etwas in dieser Welt mir hilft, mir anderes in ihr vom Leib zu halten; das mir zugleich aber doch auch – und eben gestern die Spatzen – mir anderes das Fernste neu nahe bringt, das will ich wohl glauben, ohne es zu verstehen. So ist mir jeder Spatz ein Wunder.

Mehr als zwei Stunden hatte ich zugebracht zwischen den raumhohen Regalen und hatte am Ende nichts als die Doublette einer Postkarte gefunden, die ich schon besass.

Federico Hindermann verdanke ich es, schliesslich doch noch mit einer Hand voller Spatzen aus dem Antiquariat weggekommen zu sein, auch wenn ich seine Anthologie nie gefunden hätte hinter der Schutzraumtür im Keller ohne den freundlichen Hinweis auf diesen Bestand durch die emsige Verkaufsfrau und, ja doch: meinen kritisch- überflüssigen Kommentar kurz vor dem Begleichen der Rechnung über drei Postkarten (Karl Valentins epochaler Satz über die Modalitäten von „Kunst" brachte mich zum lachenden Kauf). Rückblickend war es wohl hilfreich und klug, der emsigen Buchfee zu klagen, ich hätte nichts anderes ausser der einen Karte aufgestöbert in ihrem Reich, denn erst so öffnete sie mir, die hölzerne Stiege in den Orkus vorausschreitend, die Betontür zum Lagerbestand: kubikmeterweise Cellulose als Datenträger, die einen elektromagnetischen Impuls überdauern werden, und dies nicht, weil die Tür sie schützt.

So namenlos die Verkäuferin, so untergründig der Ort des Auffindens, so abseitig sind mir die Sperlinge seit je begegnet. Weder in der Welt noch der Literatur entdecke ich sie durch meine beharrliche Arbeit, sondern allein dank der Öffnung neuer Räume.

Letzte Nacht träumte mir, ich hätte mit aller Kraft einen Spatz gegen das Panoramafenster im Wohnzimmer geworfen.

Und als ich am Morgen aufwachte, wähnte ich mich zunächst in diesem Haus und vermeinte, auch den toten Vogelkörper vom Nachtlicht angeschienen auf dem Buchenparkett im Raum liegen zu sehen, nahezu schattenlos, so klein wie er war. Und so eindeutig tot wie er war, so unklar bleiben mir bis heute die vielschichtigen Fragen rund um Raum, Zeit und Figuren meines Traums. Denn weder hatte ich in diesem Zimmer geschlafen, noch lebte ich überhaupt noch dort, sondern war doch schon vor Jahren fortgegangen. Und nicht zuletzt bleibt mir rätselhaft, wie der Vogel ins Haus gelangte und welcher Wut er sein jähes Ende schuldete. Doch alle feinziselierenden Schnittmuster psychologischer Deutung helfen mir nicht heraus aus dem Bild der nahezu schattenlos daliegenden Spatzenleiche. Es ist mir, als wäre dieser Körper mit seinen im Genick aufwehenden Deckfedern aber gar nicht wegen all seiner losen Fäden unerzählter Geschichten bedeutsam, sondern einzig aufgrund dieser letzten sichtbaren Gestalt.

Ein Menetekel der zerstörten Anmut, meine Ikone für das fragile Leben, der verdichtete Rest, der bleibt nach Nacht und Untat, eingebrannt im Nachbild unter den geschlossenen Lidern.

„Welch Engel weckte mich?" „Und wohinein erwachte ich?", setze ich hinzu, dem anders als Titania kein Zettelmeister den Traum im Traum eröffnet, indem er ihr von Sperlingen erzählt und anderen Singvögeln.

Und wie zauberhaft ist auch heute noch die wohlmeinende Lüge, es seien Spatzen gewesen, die mich aufwachen liessen. Doch erzählen mir dergleichen ja die Dichter und lassen mich weiter- und wieder weiterträumen in einer nicht endenden Mittsommernacht. Ich, der ich mich wie die Sperlinge weiterschwinge, flügelschlagend Raum gewinne, absinke in einen neuen und abereneuen Traum. Wenn sie mir wie jetzt von irgendeinem hochgelegenen Aussichtsplatz laut zurufen in meine Gedankengänge und ich also stehenbleibe, um sie ausfindig zu machen, stört das meine Traumverlorenheit doch gar nicht. Wenn ich dann den einen, es ist tatsächlich nur ein einziger, zeternden Rufer ausmache im Fassadenspalt unter dem Firstbalken, gehe ich vielleicht über in ein wacheres Hinschauen, aber bleibe doch ganz und gar in ihrer Welt, wie doch schon zuvor, nur hatte ich es wohl vergessen. Wie sollte mich denn ein Engel „wecken" können, eines dieser flügeltragenden Zwischenwesen, die von alters her in Träumen erscheinen und zu uns Menschen sprechen?

Und wenn mir also ein Zettel beschreibender, „Zettel" benamster meisterlicher Wilhelm einen solchen Spatz anbietet, so träume ich nur allzu bereitwillig fort und fort.

Gestern schwirrte die Luft voll Spatzen und in den Büschen und Hecken am Rheinufer zwitscherten und tschilpten die vielköpfigen Schwärme, als hätte es keinen Winter gegeben.

Und wahrlich: Jetzt ist alle Kälte aus der Luft gewichen und hinter den geschlossenen Augenlidern liegt in meinem Fall das Meer und der Strand. Und mit den Spatzen sind auch die Menschen wieder da und flanieren entlang des Wassers und sind alle so viel weniger geschäftig als zuvor und wieder zur Musse befähigt, und als solche setzen sie sich auf die rastbietenden Bänke oder halten im Gehen inne und schauen den Sperlingen zu, auch denen die am Ufer kommen und gehen, und auch denen, die übers Wasser des Stromes ziehen, und hier und da rufen die Laute der Spatzen gar ein Kopfheben hervor und ein Sich-Aufrichten und Aufblicken zu den immer noch blattlosen Baumkronen, weil in diesen jetzt ein wirkliches Schwärmen eingesetzt hat und ein Durcheinanderwuseln, dass es nur so eine Freude ist, ihm mit hochgerecktem Kopf zuzuschauen, immer länger noch, bis der Nacken schmerzt und das freudige Lächeln noch lange danach auf dem ganzen Gesicht liegt und aus ihm heraus weiterleuchtet.

Wie schön ist der Gedanke, der sich im Hinschauen auf all dies einstellt in mir, dass es die Menschen sind, die als Kulturfolger dorthin gehen, wo die Sperlinge sind, und nicht umgekehrt, wie die Anthropozentrik lehrt, und dass also eine passerzentrierte Kulturgeschichte zu schreiben wäre, als Vorrat für die kommenden Winter.

Wenn 3.200 Spatzenfedern 1,4 Gramm wiegen, dann wiegt eine Feder vier Zehntausendstel eines Gramms.

Bei Gefahr oder Stress können Vögel schockartig einen Teil ihres Gefieders abwerfen, um ihre Beutegreifer zu verwirren und ihnen so zu entgehen. Mich erinnert dieses Verhalten an Regenwürmer und Schlangen, die in dramatischer Weise ganze Körperteile in den Klauen ihrer Feinde zurücklassen, um ihre Lebendigkeit zu bewahren. Und mir fällt die List der Gretel, jener schwesterlichen Seelenfigur, ein, die dem in Lebensgefahr Eingeschlossenen rät, statt des geforderten Fingers ein abgenagtes Hühnerknöchelchen hinauszuhalten, also nichts vom eigenen Leib, sondern etwas, das diesen bereits genähert hat, zu zeigen. Ein wirklich weltkluger Rat. Und ähnliche Strategien, die hier und da ein paar Pseudoidentitäten fingieren, megabyteweise Verluste in Kauf nehmen, ja diese vorab bereits einkalkulieren, scheinen mir sämtlich überaus hilfreich, sinnvoll und bewundernswert. Allein: ich bin kein Spatz. Und das genannte Repertoire zur Abtrennung eines Teils von mir steht mir nicht zur Verfügung. Das ist der Fluch einer unverdrossen behaupteten persönlichen Identität, aus der allenfalls in sexueller oder religiöser Ekstase, im Rausch und Traum oder vielleicht noch in den eng umgrenzten Zeiten des rheinischen Karnevals einmal ein Entkommen aufschien.

Und doch: Da jedes der Haare auf meinem Kopf schwerer wiegt als eine Sperlingsfeder, will ich mich darein fügen und hoffe also auf Weggefährten, die mir meine Käfigtüren öffnen und meine Vögel ertragen.

Heute im Ort Z. lässt erst der Schwarm Haussperlinge, der neben und auf und in der Weissdornhecke sitzt, meinen Widerwillen gegen all den obszön zur Schau getragenen Reichtum zumindest für eine kurze Weile schwinden.

Zwischen Brechreiz und Verzweiflung schwanke ich überall, wo ich auf solch ostentative Selbstgefälligkeit stosse; denn wie um Himmels willen lässt sich Menschen beikommen, die sich und wieder nichts als sich meinen und Reflexion als Masturbation gestalten und nur als solche? Zweifellos gibt es auch in Z. Elend und Not, und schon am Bahnhofsvorplatz fingert ein so genannter „Randständiger" sich vorzeitig entsorgte Zigarettenstummel aus den Aschenbechern. Es sind die staubfreien Fassadenfronten, die blank gespülten Granittrottoirs denn auch nicht, die mich zurückschrecken lassen. So sehr all dies den Spatzen Nahrungs- und Nistplätze nimmt, so sehr ist es doch Signum der Städte, der heutigen wie schon der antiken. Nein, es dauern mich die polierten Gesichtsfassaden und stilüberformten Inszenierungen. All das zu sehr Gesuchte und gewollt Nachlässige stösst mir sauer auf, zeigt es doch neben manch unfreiwillig Komischem vor allem die angestrengte Panik, im Rennen um die vermeintlich besseren Plätze zurückzufallen.

Wie anders da der eine Clochard auf der Verkehrsinsel, der, allzu offenkundig verwirrt, in vollendeter Pantomime die nur ihm ersichtliche Wohnung betritt, nicht ohne sich zuvor die Schuhsohlen auf der gleichfalls nur ihm wahrnehmbaren Fussmatte abzustreifen. Er fällt aus der Zeit, scheinbar, denn siehe, nun beugt er sich nieder zum Spatz, den doch nun auch ich schon sehe.

Mit der Sonne kommen die Spatzen zurück.

Aus allen Büschen und Sträuchern höre ich nun wieder ihre Unterhaltungen, und ohne ein Wort zu verstehen, bin ich doch froh allein um die neuerlichen Klänge in der Luft. Dabei ist es mir ganz einerlei, ob das eine Männchen von weit oben unter der Regenrinne her sein drängendes Tschilpen ruft oder der Schwarm zwischen den Ligusterzweigen so aufgeregt durcheinander palavert wie eine ganze Primarschule in der grossen Pause. Und selbst die drei sich wildestjagenden Sperlingsmännchen, die mit ihrem wütenden Zetern durch die Häuserzeilen fegen als gälte es ihr Leben, sind mir Frühlingsboten, Heiterkeit mit sich führende, Frohsinn verbreitende. Ich kann mich nicht erinnern, ob mir in anderen Jahren die Sonne alleine genügt hat, oder ob es immer schon die Töne der Vögel waren, die mir den Wechsel der Jahreszeit anzeigten. Erinnern kann ich mich jedenfalls nicht, allenfalls vorzustellen vermag ich mir einen hellen Tag ohne Sperlinge, wenn auch widerwillig: So wohlig mir nur schon die Wärme der Luft auf der Haut ist, so sicher weiss ich, dass im Schliessen der Augen und im darin immer Kenntlicherwerden der Sperlingslaute es in mir Frühling wird. Zumindest geht es von nun an frühlingshafter her und zu mit mir und ich lächle die letzten Schneereste im Schatten ebenso weg wie die menschenverachtende Selbstgerechtigkeit wütender Mitmenschen.

Wie leicht ist das Leben, wie herrlich, unbeschwert und sanft! Nichts kommt ihm gleich und in nichts liegt aber ja doch so viel Schwermut und Trostlosigkeit, gerade gestern noch, am letzten Vorfrühlingstag, finster, kalt und sperlingslos.

Im 18. Jahrhundert war es ein beliebtes Freizeitvergnügen, gefangenen Haussperlingen dadurch einen regelrechten Gesang beizubringen, dass man sie gemeinsam mit Kanarienvögel hielt, woraufhin sie deren rollende Trillerlaute nachahmten.

Ob die gängigen Onomatopoesien zur Wiedergabe der alltäglichen Sperlingslaute stimmig sind, mögen andere beurteilen. Mir sind das singende „tschiripp" und „terretett", die warnenden „kew kew"- und „drüü"-Rufe, das „dje" und „jag jag" der Kopulationen allesamt so lieb geworden, dass ich ihren Obertonstaffelungen, Modulationen und Motivreihungen stundenlang zuhören könnte, ohne ihrer überdrüssig zu werden. Und dass diejenigen Spatzenmännchen mit einem grösseren Gesangsrepertoire auch rascher eine Partnerin finden, über ein widerstandsfähigeres Immunsystem und ein grösser ausgebildetes entsprechendes Gehirnareal verfügen, all das erstaunt mich in keiner Weise. Dass es aber Immanuel Kant war, der als Beweis für das Erlernen des Vogelgesangs dazu riet, Kanarien- und Sperlingseier zu vertauschen, und die Spatzen alsdann von allen akustischen Reizen ihrer Artgenossen abzugrenzen, das hat mich doch sehr freudig überrascht. „Und man bekommt singende Sperlinge," schrieb der Königsberger 1803 „über die Pädagogik".

Der Spatz als Modellvogel, dessen Lernfähigkeit es ermöglicht, „fremde Laute als Sonden zu verwenden, um die Bedeutung einzelner Elemente zu bestimmen". Wie kulturfördernd und friedenstiftend die passer wirken könnten, wenn, ja wenn wir über sie nachdächten.

Die labile Wesensart und ein Leben voll Gesang habe ich wohl mit den Sperlingen gemein. Grosses Hirn, grosses Herz und grosse Klappe, liesse es sich auch prosaischer sagen.

Jedenfalls ist er mir grundsympathisch, der Spatz. Er bildet keine monströsen Schwärme wie die Stare oder krakeelende Horstgemeinden wie die Krähen. Gleichwohl vergesellschaftet er sich und verfiele kaum auf den Gedanken, wie Meisen und Kleiber als Paar an sich Genüge zu finden und solcherart beschreibbare Horizonte für ein Leben in Fülle zu halten. Bei allem angelernten Vorwitz, der ihm hier und da bis hin zur Aufdringlichkeit geraten kann, bleibt der Spatz im Grunde seines Herzens ein zögerliches, rasch zur Flucht bereites Wesen, das nur durch stete Freundlichkeit zu zähmen, wenn nicht gar zu gewinnen ist. Besonders angetan aber hat mir ihr nicht enden wollendes Tschilpen und Rufen in irgendeiner Hecke unter der Sonne. Diesen überströmenden Gesang, der aufwogt und abebbt, kurz gar zu verstummen scheint, nur um sich um so vielstimmiger und freudiger erneut aufzuschwingen, kenne ich von anderen Vogelarten nur des Morgens oder vor dem Einnachten. Hier aber schwankt den lieben langen Tag hindurch stets der ganze Strauch und es ist mir eine Freude, den emsigen Tönen, die ihm entsteigen, mit dem Herzen zu folgen.

Dass die Sperlinge unstet nur wirken und sich dieses Bild, je länger ich ihnen zuschaue, weiter und weiter auflöst, und so zu Tage tritt, wie zugewandt sie leben und wie eingebettet in ihren Schwarm, das lässt mich Loblieder auf sie singen und hoffen für mich.

Auf dem Greenwood-Friedhof in New Jersey wurden 1853 die ersten acht Sperlingspärchen freigelassen. Nach und nach wollten die Neuengland-Einwanderer alle Vögel, die in Shakespeares Werken vorkommen, auch in ihrer sogenannten Neuen Welt vorfinden können.

Dass sich unter den damaligen Migranten etliche mit dem Namen Sparrow und Spatz fanden, mag als pittoreske Fussnote der Geschichte durchgehen; die „American Acclimatization Society" unter dem Vorsitz von Eugene Schifferlin aber vollzog mit ausdauernder Energie die Einbürgerung der Fremdlinge, ehe dies mit dem Lacey Act an der Schwelle ins nächste Jahrtausend untersagt und unter strikte Strafe gestellt wurde. Seither leben Sperlinge zwischen Tijuana und Stanstead als X-generation-immigrants und mit ihnen die Frage, ob passer fast 200 Jahre nach seiner Invasion immer noch ein Neozoon ist, eine „alien species"? Abgründiger aber sind für mich die Fragen, ab wann man ein Ureinwohner *wird*, und ob wir so gesehen nicht alle aus dem nördlichen Tschad stammen, wo der bislang älteste Hominidenschädel ausgegraben wurde? Welchen Status tragen die Spatzen aus New Jersey, die nach ihrer Atlantiküberquerung zunächst im Kirchturm verstaut wurden, sich sodann unter den sorgenden Fittichen des John Hoope wieder berappelten, ehe sie schliesslich ausgesetzt wurden, um sich zu vermehren und auszubreiten?

William Shakespeare, Eugene Schifferlin und John Hoope: Drei Männer in der Geschichte der Hominiden und die passer erobern einen neuen Kontinent. Dass die beiden Letzteren heute nahezu völlig in Vergessenheit geraten sind, lässt mich dankbar auf die Worte unter meinen Händen blicken, obwohl ich doch so viel vorgeblich Wichtigeres zu tun hätte.

Aus Anlass der olympischen Spiele wurde im Jahr 2008 in China der Verzehr von Kleinvögeln offiziell verboten.

Da in Folge des „grossen Sprunges" der Haussperling nahezu vollständig ausgerottet worden war, trifft man heutigentags auch in den urbanen Zentren nurmehr passer montanus an. Diese waren es denn auch, die in den Garküchen und Strassengrills feilgeboten wurden, als das Verbot erging. Wie wirksam dieser Erlass indes tatsächlich war, lässt sich wohl auch daran ermessen, dass drei Jahre später bei nur einer Razzia im Südosten Chinas noch zwei Millionen gefangene Kleinvögel beschlagnahmt wurden. Zwar gibt es jetzt nicht mehr den früher allenorts auffindbaren „Spatz am Spiess", doch scheint die kulinarische Lust auf Sperlinge ungebrochen fortzubestehen. Vielleicht kehrt darin aber ja auch nur der alte Vernichtungswunsch wieder, nun im gut hegelschen Sinne „aufgehoben". Wie raunte doch der chinesische Doge Guo Moruo: „Du Mistvogel, heute rechnen wir mit dir ab." Mit durchschlagendem Erfolg: Alleine zwischen dem 19. und 21. April 1958 wurden nur schon in Peking mehr als 400.000 Sperlinge getötet. Das Verhältnis zwischen Mensch und Vogel scheint zumindest so eindeutig nicht wie es die staatlichen Verlautbarungen nahelegen. Immer wieder und immer noch changiert es so vielschichtig wie die Gefiederfarben der passer. Zwischen dem tiefen Blauschwarz ihres Brustlatzes und den lichtesten Sandtönen im Gefieder der Jungvögel finden sich alle erdenklichen Mischformen und Schattierungen.

Der Mensch erträgt den Spatz kaum je im liebenden Blick. Ob er ihn nur erschlägt oder dann noch aufisst: tot ist er so oder so, der Spatz.

Bei den Sperlingen fordern die Weibchen zur Paarung auf, bis zu zwanzig Mal nacheinander, in einer Stunde.

Wem das viel, zu viel gar und erschöpfend überdies erscheint, der möge sich vergegenwärtigen, in wie selbstgefährdender Position die Spatzen sich aufeinander einlassen. Ihr Kamasutra mag akrobatisch wirken; den anatomischen Erfordernissen geschuldet, wollen die Weibchen aber wohl schlicht sichergehen, dass ihr kurzes Leben Frucht bringt, und die Männchen stellen sich bereitwillig zur Verfügung und verrenken sich nach Kräften. Ob das Ganze etwas mit Lustgewinn und eskalierender Selbstvergessenheit zu tun hat, wie es der anthropozentrische Blick jahrhundertelang mutmasste, oder ob die neuere, wenngleich um nichts weniger hausbackene Menschenlogik eines funktionalen genetischen Kalküls den Spatzensex erklärt, weiss ich nicht. Es kümmert die kopulierenden passer ohnedies nicht weiter und zeugt vom nachdenkenden Mensch allein, dem die vögelnden Spatzen den Spiegel vorhalten. Schön, wie sich das „es zeugt" in der Sprache eingenistet und fortgepflanzt hat, wie die Wahrnehmung Worte gebiert und irgendwann gebietet, wie der Blick auf die sich paarenden Sperlinge zu erfolgen hat und zu nennen ist.

Es entlastet mich, wenn eine komplexe und tendenziell überfordernde Situation vereinfacht wird. Doch der Gedanke, mein Liebesleben gänzlich reaktiv zu gestalten, widerstrebt mir allzusehr. Alles tastende Suchen, alle gespannten Erwartungen wie auch gütigen Enttäuschungen, sie lassen mir das vorhersehbare Liebesleben der Spatzen allzu eintönig und fad erscheinen.

Bild: Nadine de Mol

Und wieder ein Spatzentraum: Im Spülsaum fliegt ein grosser Schwarm Vögel auf, wieder und wieder, und lässt sich stets an der gleichen Stelle aufs Neue nieder.

Im Näherkommen erkenne ich die Sperlinge als solche und werde gewahr, dass sie auf einem langgestreckten, etwa einen Meter langen Gegenstand sitzen und schon im Zu-Boden-Gehen auf diesen einpicken. Ihre eifrigen Bewegungen erfolgen rasch und wirken nervös auf mich, der ich nun auch den Grund für das Hin und Her erkenne: Das Meer rollt den hölzernen Balken vor sich her, für einen solchen halt ich ihn zumindest jetzt noch, aber bin schon unsicher, jetzt wieder ein paar Meter näher. Zögerlich erst, doch dann abrupt und endgültig wandelt sich mein Erstaunen in Entsetzen, als ich gewahr werde, woran die Spatzen herumpicken. Es ist ganz fraglos ein menschliches Bein, eine wie ausgerupfte Gliedmasse, deren blutiges, zerfasertes Ende einst ganz oben am Hüftknochen einer Frau angewachsen war, denn auch das ist jetzt, wo die Sperlinge in nur kleinem Abstand von mir im regennassen Sand sitzenbleiben und ich auf das Frauenbein herunterblicke, fraglos ersichtlich, wie es da zwischen dreckigen Meerschaumblasen und den braunen Bällen des Neptungrases einherrollt: Es ist das Bein einer Frau, ansehnlich noch jetzt sind Oberschenkel, Kniebeuge und Fesseln, und die ochsenblutrot lackierten Zehennägel wecken in mir das drängende Verlangen, einen nach dem anderen lustvoll in den Mund zu nehmen und sie einzeln abzulutschen.

Doch der eine Spatz, der am Häutchen des kleinen Zehs knabbert, er blickt mich an und weckt mich.

Vor 10'000 Jahren folgten die ersten Sperlinge den wandernden Hominiden und nährten sich von den Abfällen entlang ihrer Routen. Dann wurden sie mit ihnen sesshaft und frassen fortan von ihrem Saatgut, gelagert, angebaut und unverdaut im Kot der Ackergäule.

Die Geschichte der späteren Völkerwanderungen und Kulturwechsel ist ja schon aus manchen Perspektiven geschrieben worden. Eine Passerologie, die zusammenhängende Darstellung davon, wie die Spatzen ihr Leben im Verlauf der Zeit auf der Erde entfaltet haben, fehlt indes bis heute. Sie allererst könnte aber davon zeugen, wie auch Sperlinge die Menschen zu dem gemacht haben, was sie heute sind. Wie sie an den Wegrändern sassen und über die Marktplätze flogen, und wie sie so immer aufs neue die Pfade der Menschen formten, ihr Saatgut verteilten und ihren Krankheiten zum Durchbruch verhalfen. Vollends käme die Bedeutung der passer zur Anschauung, sobald ihr Brut- und Ernährungsverhalten berücksichtigt würde, und unabsehbar sind die feinen Verästelungen, die die Geschichte bereithält, sobald in ihr dargestellt würde, wie die Sperlinge die Aufmerksamkeit von Staatenführern und Scharfschützen auf sich und also ablenkten in jenen Augenblicken, in denen just diese sich anschickten, einen Unterschied zu machen.

Ich für meinen Teil stöbere die Spatzen ohne einen solchen Anspruch zusammenhängender Vollständigkeit auf. Meine Passerologie ist zum Glück unwissenschaftlich und unsystematisch.

Und gestern zum ersten Mal im Jahr wieder der Blick hinauf zum Dachfirst des Hauses am Strassenrand, den Sänger suchend, und seither täglich und mehrmals täglich. Es wird Frühling. Die Sperlinge rufen es mir zu.

Und wieder und wieder bekomme ich keinen von ihnen zu Gesicht, so lange ich auch hinaufstarre. Doch dann gelingt auch das wieder zum ersten Mal und dieser erste Sänger tschilpt seine Frühlingsfreude vier Stockwerke über mir in die Welt und er hält sich dabei, das rechte Bein angewinkelt, das linke durchgestreckt in einer Fensterlaibung, um die er die Krallenfüsschen klammert. Sein spindelförmiger Körper ragt hinaus in die Strassenschlucht wie ein Matrose den Kopf aus der Takelage reckt. Und gerade da, als ich den Spatz entdecke, höre ich es singen: „Frère Jacques, Frère Jacques, dormez-vous?" Zuerst erschrecke ich, weil ich es in mir zu hören vermeine, dann blicke ich suchend umher und dann, lange schon, so will mir scheinen, sind Kinderlied und Sperlingslied in eins gegangen, sehe ich das Mädchen auf dem Balkon im vierten Stock, der dem Spatz auf der anderen Strassenseite gegenüberliegt. Und so singen die beiden dort oben einander an und auch ich falle kurz ein in den Refrain in meinem Weitergehen hier unten.

Ja, kleiner Jakob, schlafe wohl und sei bedankt für den Gesang der Vögel und die Lieder der Menschen und ruhe sanft in den wogenden Lüften zwischen den Häusern.

Die Spatzen pfeifen es von den Dächern", heisst doch soviel wie, dass dies nun wirklich alle wissen und die Nachricht also keinerlei Neuigkeitswert mehr hat, für wen auch immer.

Doch wer von all den Flaneuren und Joggern, Kinderwagenschiebern und Hundeausführern hat ihnen heute zugehört? Und jetzt, als im Haus hinter mir ein begeisterter Heimwerker seinen Schwingschleifer anschmeisst, höre auch ich nichts mehr von ihrem eifrigen Getschilpe. Und es war doch ihr Gesang, der mich just diese Bank zum Verweilen aussuchen liess, so will mir scheinen. Und durch den Hubschrauberlärm und das aufschäumende Bugwasser des stromaufwärts ziehenden Frachters „Syracuse" und die Kirchturmglocke und die Gesprächsfetzen der vorübergehenden Menschen hörte ich doch immerzu weiter ihr eifriges Reden und Rufen, so als befände sich gerade hier hinter meinem Rücken am Rande des grossen Stromes die Nachrichtenzentrale aller passer dieser Stadt. Ich verstehe ja kein Wort von all dem, und freu' mich wohl auch deswegen an ihrem emsigen Zwitschern. Denn es ist schon so: die Spatzen, denen ich zuhöre, erzählen die unerhörte Geschichte nur weiter, von der auch das flappende Auslaufen des Wassers im Uferkies und die aneinander reibenden Zweige der Ulmen schon immer künden. Und es will mir scheinen, als läge auch in meinem Aufnehmen und Niederschreiben der sich einstellenden Worte nichts von irgendeinem Neuigkeitswert.

Wohl aber halte ich fest an dem Glauben, in meinem Lauschen auf die Spatzen hörte ich auch etwas von dem Geheimnis, um das eigentlich alle wüssten.

Die Caféhausspatzen sitzen auch am Ostermorgen still da, verteilt auf die äussersten Zweige der erblühenden Magnolien. Sobald ein neuer Gast sich an einen der Tische gesetzt und seine Bestellung bei der eilfertigen Bedienung aufgegeben hat, äugen sie herunter auf den leeren Aschenbecher auf dem leeren Tisch und so mancher Kaffeetrinker tut das auch zunächst.

Dann aber, mit der Rückkehr der Serviertochter aus dem Inneren des Cafés, wird es unruhig im Strauch, und ganz wie der Gast sich vor der nun adrett platzierten Apfeltarte und seinem doppelten Espresso – „Merci vielmals, kein Rahm, kein Zucker" – auf seinem Stuhl zurechtrückt, hüpft auch der ein oder andere Sperling ein wenig stammein- oder -auswärts und ruckt mit dem Kopf und öffnet die Flügel und bleibt doch noch einmal sitzen. Andernorts haben sich ein halbes Dutzend von ihnen unter einem verwaisten Tisch zusammengefunden und picken die nur ihnen erkennbaren Krümelchen auf, indem sie ihre Schnäbel seitwärts über den Boden schieben, nur ganz kurz jeweils den Kopf vorstrecken, Schnabel auf, Schnabel zu, weiter. Erst nach einer guten Viertelstunde wagt sich der erste Sperling näher an den Gast heran, hält aber noch deutlich Abstand und blickt nervös auf die Blätterteigflocken am Boden und zurück zum Magnolienbusch und hinauf zum kauenden und trinkenden Gast. Und dann kommt ein anderer hinzu und ihm zuvor und im Gesicht des Gastes zeichnet sich ein Lächeln, ein erstauntes, dann wiedererkennendes und so einverstandenes.

Mir sind der leere Platz und der leere Tisch und der leere Teller mehr als genug Fingerzeig auf das zweite Ostern, das der Männer, und die zwei hüpfpickenden Spatzen sind mir also Nachfahren der wettlaufenden Jünger zum Grab.

Aus dem Eisenbahntunnel fliegt in grosser Eile ein Sperlingspaar heraus, doch selbst nach einer Weile folgt ihm kein Zug.

Ich sitze am Bahndamm und schaue hinein in die finstere Höhle und es mutet mich an wie der bark'sche Blick über die Leitplanken in diesen oh wie abgrundtiefen Abgrund an den Passstrassen, der in mir stets zielsicher den ängstlich-lüsternen Wunsch nach meinem Sprung in dieses alles andere als *gähnende* Loch auslöst. Die einladend zwischen den Lippen spielende Zunge scheint mir das so viel sinnfälligere Bild, und so sogen mich denn also die beiden Spatzen hinein und hinab in den Schlund. Ein gähnender Mund indes, und selbst das von Fleischmessern starrende schlaftrunkene Maul einer der grossen Raubkatzen, hat in mir noch nie diesen Impuls zur Selbstvernichtung hervorgerufen. Mehr noch: Ein gähnender Schädel wirkt auf mich immer unfreiwillig komisch, zumindest aber harmlos, und so gerade entledigt aller Bedrohungspotenziale. Und dann erst noch die flüchtenden Spatzen, die mich sicher nicht furchtsam auf ein ihnen folgendes Unheil warten lassen, so wie damals auf dem Weg durch den Tunnel in der Eifel, zu dem ich mich von einem dereinst wohl guten Freund überreden hatte lassen, und der doch zu nichts anderem führte als in ein schmales Tal, in dem es dann zu einem furchtbaren Streit zwischen ihm und seiner Gefährtin kam.

Auch da schon gab es, kurz vor unserem Eintreten in den saugenden Schlund ganz sicher zwei Sperlinge, die sich uns aufgebracht tschilpend entgegenwarfen. Und auch damals schon folgte den Vögeln kein Zug, so dass ich sicher hindurchgelangte, und so ist es für mich seither geblieben mit den Spatzen.

"Der goldene Spatz" ist die Trophäe, die die Deutsche Kindermedienstiftung alljährlich denjenigen Medienerzeugnissen verleiht, die sie in besonderer Weise für preiswürdig erachtet.

Aussergewöhnlich daran scheint mir, dass die höchstmögliche Kategorie in diesem concours ausschliesslich von Kindern vergeben wird. Welche Merkmale diese beachten, wie sie ihre Kategorien der Kritik bilden und anhand welcher Indikatoren sie schlussendlich entscheiden, liegt gleichwohl auch hier nicht vollständig in der autonomen Entscheidung eines allmächtigen Souveräns. Ach, würden wir Menschen uns doch nur endgültig verabschieden von der wahnwitzigen Ideologie der Unabhängigkeit. Bisweilen scheinen mir die Spatzen in ihren biochemischen Stoffwechseln und aviatischen Manövern so viel bewusster zu leben als alle Menschen dieser Welt. Und doch ist mir unmittelbar darauf wieder zugänglich, dass auch ihnen all dies reflexhafte oder bestenfalls habitualisierte Muster sind.

Und so werden mir die Kinder zur Idealgestalt der reflektierenden Praktiker, in deren Urteilen die Kraft dazu sich dialektisch voraussetzt und hervorbringt. Und sind sie so nicht paradoxerweise selbst die „goldenen Spatzen", die kleinen, wertvollen Kritiker des Films, den wir anderen ihnen zur Anschauung bringen als anstrebenswerte Zukunft, von der sich erst noch zu erweisen hat, ob es sich lohnt, dass es ihre werde.

Bild: Niels Blaesi

Ob mir der Spatz zuerst phänomenologisch oder gestalttherapeutisch in den Blick geriet, bleibt fraglich.

Unstrittig ist bis anhin nur, dass die Phänomenologie einen radikaleren begrifflichen Zugriff auf die passer eröffnet als irgendein anderes, philosophisches Programm, liegt ihr doch ihrerseits die sogenannte „Idee" zugrunde, dass vom Sagen und Zeigen allein noch kein Spatz je zu fliegen gelernt hätte. Wie es aber zur Zeugung eines flugfähigen Kleinstvogels kam, das bleibt auch ihr bis auf weiteres unklar, gleich ob hierzu konstruktivistische oder dekonstruktivistische Denkschulen bemüht werden. Ich mag die kleinen Vögel und ich folge den Spatzen. Ob ich sie auf diese Weise ein- oder ausklammere, sei dahingestellt. Denn ob Rahmen oder Spiegel, Figur oder Grund, Gewahrwerden oder Abbilden: Die Sperlinge sind mir erkenn- und benennbar und entziehen sich doch gerade so allen klassifizierenden Absichten und kategorisierenden Zugriffen. Wie weit ein Spatz fliegt, ist demnach keine Frage von Ressourcen oder Kompetenzen.

Als aber der eine Sperling vorüberflog und ich ihn schon wieder niedergehen sah auf die Erde und mehr noch: dort liegenbleiben und sich zersetzen und wieder zum Staub werden sah, da gedachte ich all der unsinnigen Gedanken, die ich ihm gewidmet hatte, und wurde froh über die Jahre, die vergingen, während ich zu der Stelle ging, an der er starb.

Am Fluss sitzt ein Mann neben einer Frau auf einer Bank und füttert Spatzen.

Er beugt sich nach vorne und streckt die Hand zu Boden, auf dem wohl zwei Dutzend Sperlinge sitzen. Die Frau an seiner Seite sitzt aufrecht, gegen die Rückseite der Bank gelehnt, und schaut auf die Hand des Mannes vor den Vögeln. In dieser liegen einige kleine Stücke des Brotes, dessen geteilter Laib auf der Bank zwischen dem Paar liegt. Dass es ein Paar ist, wird daran erkennbar, dass die linke Hand der Frau und die rechte Hand des Mannes sich auf der Rückenlehne ineinander verknoten und voneinander lösen, wieder und wieder, Finger um Finger. Alle Spatzen aber schauen einzig auf die niedergestreckte linke Hand des Mannes, in der die Brotkrumen liegen. Der Rest des Brotlaibes berührt die Oberschenkel beider Menschen. Kein Vogel berührt die Hand des Mannes. Der Blick der Frau bleibt auf diese gerichtet.

Jetzt geht ein anderes Paar auf dem Weg an der Bank vorüber. Sie berühren einander nicht. Der Mann weicht den Spatzen aus, die Frau geht mitten durch sie hindurch, so dass sie alle auffliegen. Der Mann auf der Bank und der Mann auf dem Weg schauen gleichzeitig auf die Frau auf dem Weg. Die Frau auf der Bank schaut den Spatzen nach, ohne dass einer von diesen davon Notiz nähme.

Gestern die beiden jagenden Spatzen und gleich darauf vier weitere. Und dann in dem Jasminstrauch das fortgesetzte Umeinander-Herjagen so geschwind, dass nicht auszumachen ist, was geschieht, geschweige denn, wozu der Aufruhr gilt.

Die Sperlingskörper hängen aneinander, kopfüber, aufeinander, drei, vier zugleich, und allenfalls der eine oder andere Streithahn fällt einmal kurz aus dem Pulk heraus, nur um sogleich umso vehementer zurückzukehren ins Getümmel: „Auf euch mit Gebrüll!" Denn das sind sie: lauthals krakeelende Spatzenmännchen; zitternd, schimpfend, wutkeckernd begleiten sie ihre Schnabelhiebe und akrobatischen Manöver zwischen den Zweigen. Erst als auf einen Streich drei von ihnen zugleich ausscheren, wird als Objekt der Begierde erkennbar ein Weibchen, das sich seiner Federn zu erwehren sucht, indem es sich hierhin und dorthin rettet, mehr fallen lässt als forthüpft oder gar -fliegt. Und doch geschieht es, dass die Männchen einer nach dem anderen Reissaus nehmen, zerrupft und schwankend den Strauch verlassen, und so auch der letzte, nicht als Sieger, sondern als irrer, lädierte Schläger einer versuchten Massenvergewaltigung. Und zurückbleibt auf wundersame Weise das zitternde Weibchen, dessen Herz bis in die Augäpfel hinein pocht.

Und der Mann an meiner Seite, Familienvater auch er, fragt mich, was ich denn sähe, und stand doch dort vor dem Strauch neben mir und suchte nach Worten und fand keine, wie auch ich dem beschämenden Spektakel sprachlos folgte, durch die Nacht hindurch bis heute, solcherlei bezeugend.

Dass es in Fellinis „La Strada" keinen einzigen Spatz gibt, habe ich nie verstanden.

Gleichgültig, ob Haus- oder Feldsperlinge, ich finde, auch im oft wiederholten Anschauen des ganzen Filmes nirgends einen von ihnen, und hatte doch so sicher darauf vertraut. Denn Wegränder und Feldraine, Industriebrachen und Plätze gibt es zuhauf in den Szenen und wieder und wieder auch die titelgebende Strasse. Und an all diesen Orten leben doch gemeinhin Sperlinge und hüpfen vor sich hin und picken im Staub. Auch ist mir die ganze Bildsprache Fellinis seit je so entgegengekommen, als sei sie recht eigentlich aus der Perspektive der Sperlinge entstanden. So staubig und sandfarben, so freundlich in allen beiläufigen Unscheinbarkeit hat für mich nur der viel spätere Kaurismäki die seltsamen Vögel der Feldwege und Häuserschluchten gezeichnet. Und jetzt im Wieder- und Wiederschauen all seiner Filme auch bei ihm die mich erschütternde Tatsache, dass selbst er nicht einen einzigen der passer eingefangen und in seinen Kadrierungen gebannt hat, und es doch kaum wahr sein kann, dass nirgends dort keiner je vorüberflog während seiner Dreharbeiten.

Mir wird unwohl bei der Idee, ich müsste die cinematographischen Archive der Welt auf das Erscheinen von Sperlingen hin durchforschen. Weit beunruhigender aber ist mir der Gedanke, ich vermöchte dort trotz aufmerksamer Suche nichts zu finden, und es gäbe also in allen Filmen keine Spatzen ausser diesem einen Unheilsvogel, der unter den Augen Tippi Hedrens in der Asche sitzt.

Die Scharen von Sperlingen, die durch den Kamin ins sorgsam versiegelte Haus eindringen, wo der eine Mann sich gemeinsam mit den drei Frauen eingeschlossen hat.

Cathy und Lydia heissen die weiblichen Portalfiguren, die am Geburtstag der kindlichen Schwester unter den Augen der ungehaltenen Mutter die begehrte Millionärserbin Melanie in ihrer Mitte einschliessen. Das wahrhaft Erschreckende ist denn auch deren Blick, als sie, vom Zwitschern der Vögel im Gespräch gestört, in der Asche des Kamins den ersten Sperling erblickt. Der Spatz als Unheilsbote, dem augenblicklich die einfallenden Horden folgen. Und doch bleibt in mir diese erste von Hitchcock geschaffene Szene die rechterdings unheilvollste, verbunden mit der verstörenden Frage, ob nicht erst das Aufblicken der begehrten Frau den Sturm auslöst? Denn die Horden aus Distelfinken, Zeisigen, Grünlingen und Spatzen, die kurz darauf den Raum unbewohnbar machen, sind mir nichts verglichen mit dem Grauen, das durch diese Augen kriecht. Und dies nicht wegen der für meine heutigen Sehgewohnheiten digitaler Manipulation nachgerade rührenden Schlichtheit der Doppelbelichtung, sondern wegen des genialen Zugs, sie aufblicken zu lassen in zeitlupenhafter Langsamkeit und dann, ja: dann öffnet sich zwischen ihren glänzenden Lippen ein nur für mich als Zuschauer sichtbarer Spalt, ehe Hitchcock auf den Spatz in der Asche schneidet.

Wer öffnet den Raum für die Vögel? Noch ist kein Sperlingsschwarm eingefallen, doch zwischen den Lippen der Frau mir gegenüber schwirrt es schon.

Gestern fortwährend von oben der Gesang der Spatzen, während ich nahezu dreiviertel Stunden lang mit dem Velo durch die Häuserzeilen fuhr.

Nicht ein einziges Mal reisst er ab, pausenlos klingt er in den Ohren, folgt mir um die Kurven, wartet auf mich jenseits der Ampelkreuzungen. Und stets von weit über mir, wo das Bild im Vorbeifahren unscharf wird, und selbst wenn ich anhalte, nicht auszumachen ist, wo der Sänger sitzt. Dabei weiss ich ja, dass es jetzt, im Frühling, oft die allerobersten Stellen, die aussichtsreichen Positionen sind, die sich die Sperlingsmännchen aussuchen, um von dort aus ihre Sängerwettstreite mit aller Erbitterung echter Hahnenkämpfe auszufechten. Von dort aus rufen sie sich über den Abgrund der Strassen vor ihnen zu, musikalische Schützengrabengefechte, in denen es offenbar auch um die Lautstärke geht, mit der man alle anderen übertönt – oder eben diese obsiegen. Mir, dem passageren Hörer, dem flüchtigen Ohrenzeugen einer ganz anderen Art, offenbaren sich die Modulationen in Tonfolgen und Rhythmisierung nicht. Der vielstimmige Gesang könnte eine komplexe Symphonie, ein akustischer Rohrschachtest oder schlicht das evolutionäre Hintergrundrauschen sein, dem die Spatzen folgen und ich nicht zu folgen vermag.

Wie beglückend aber war dann durch den ganzen Tag hindurch der nicht endende Gesang *in mir*, und nicht dort oben und nicht als Wettstreit, sondern als freundlicher Nachhall, für den ich noch heute dankbar bin, im Schliessen der Augen jetzt.

Und wieder gestern auf der Bank in der Sonne vor der nun uneinsehbar grünen Buchenhecke, in der es schwirrt und raschelt, tschilpt und singt. Und immer wieder auch fliegt einer der Sperlinge heraus und setzt sich zu meinen Füssen auf den Boden und schaut herauf zu mir.

Es ist, als stünde die Zeit für einen Augenblick still, als würde der Schleier vor der Wirklichkeit für diesen Augenblick gelüftet und durchscheinbar auf das, was Aristoteles die „Symphonie des Universums" nannte. Und auch heute, auf der gleichen Bank, will mir scheinen, bringen die Spatzen nicht nur Klänge und Melodien mit sich, sondern unter ihren Flügelfedern stets etwas von der Luft, die mich trägt. In ihrem Heben des Kopfes und Aufblicken machen sie es mir so leicht wie sie können, es ihnen nachzutun und meinerseits die Augen zu erheben hinein ins Blau. Nicht, dass es so ein Unheil weniger gäbe, doch schaue ich nicht länger allein auf die verkohlte Trümmerwand, sondern durch das Fensterloch in dieser auf geruhsam ziehende Federwolken. Und so wie der eine vorwitzige Spatz die schützende Deckung der Hecke verliess und auf dem Randstein sass und die Flügel anhob und mich anblickte, so stehe jetzt auch ich auf von meiner Bank, richte das verschobene Gilet und gehe weiter meines Weges.

Uneinsehbar und unscheinbar von aussen, mag sein, doch jetzt getragen von den Blicken der Sperlinge, ihren symphonischen Tönen, die noch nachklingen in mir, und der Spatzenluft unter den Achseln zwischen meinen leichter schwingenden Schritten.

In den Büschen, Hecken und Bäumen schaffen sich die Sperlinge Schlupflöcher, die nicht nur so heissen, sondern es auch sind.

Denn durch diese nehmen sie wieder und wieder ihren Weg hinein in die Welt hinter dem Vorhang aus Blättern und Zweigen und gelangen umgekehrt hinaus zu uns, die wir unsere Zuflucht dazu genommen haben, diesseits des Vorhangs zu bleiben. Und indem sie also ein- und auftauchen, durchschlüpfen durch die Oberfläche, lichten sie das undurchdringlich nur Scheinende, schaffen eine Passage durch ihre fortgesetzte Bewegung und für diese. Das alles ist wohl weit weniger metaphysisch als es die gewollt wirkende Wortwahl nahezulegen scheint, sondern vor allem praktischen Erfordernissen geschuldet, der Übung, der Gewohnheit und der Trägheit. Und doch: Mich freut das so wohlbedachte, schön geformte Wort „Schlupfloch", dem ich im Hinschauen auf die Spatzen einen mich mit seinem Ursprung neu verbindenden Sinn habe beimessen oder entnehmen können – ganz wie es eben gerade um mich bestellt ist. Und darin ahme ich ja jetzt die Bewegung der Spatzen nach, gerate ausser mich oder finde mir ein Obdach. In der Wand aus Efeu vor der Wand aus Kalkstein gehen die Sperlinge derweil ein und aus. Wie wohl wäre mir, ich vermöchte mit ähnlicher Leichtigkeit die Perspektive zu wechseln und wüsste um das mir zugänglich gewordene Schlupfloch zwischen Dies- und Jenseitigem. Weht nicht der Vorhang gleich auf? Und scheint nicht das Licht hervor?

Ich will mir also ein Schlupfloch schaffen zwischen den Blättern und inmitten all dieser. Und immer dann, wenn meine eigenen Kräfte dazu mich zu verlassen drohen, will ich meine Zuflucht nehmen zu den Spatzen.

Am 14. November 2005 wurde im holländischen Leeuwarden ein Spatz erschossen.

Angesichts der unstrittigen Tatsache alltäglicher Menschen- und Tiermorde ist der mediale Hype, der dem leblosen passer folgte, wohl nur dem fallenden Sack chinesischen Reises vergleichbar oder einer endlosen Kette stürzender Dominosteine. Denn im Gefolge wurde nicht nur die Polizei eingeschaltet, der Abschuss des Vogels mehrfach mit dem Mord an einem Kind gleichgesetzt, ein nationaler Tierschutzbund aktiv, um eine öffentliche Distanzierung und Entschuldigung zu erwirken, der Schütze mit Morddrohungen konfrontiert, die Staatsanwaltschaft klagte den Schützen an und dieser wurde zu einer Geldstrafe von 200 € verurteilt, schliesslich wurde eine Website zur Publizierung von Kondolenzbekundungen eingerichtet, in die sich Tausende Menschen eintrugen. Und wozu all dies? Die 23.000 Dominosteine, die der Sperling umgeworfen hatte, wurden schon über Nacht wieder aufgerichtet, nur um alsdann mehr als vier Millionen von ihnen zu Fall zu bringen und somit den bestehenden Weltrekord in dieser denkwürdigen Disziplin menschlichen Ehrgeizes zu überbieten. Spätestens mit dem Satz der blonden Moderatorin: „Das hat uns unheimlich Leid getan", bekam die Mutmassung, es handele sich bei all dem lediglich um einen Marketinggag zur Quotensteigerung, zumindest rhetorisch die höchstmöglichen Wahrscheinlichkeitsweihen. Denn „unheimlich" ist an all dem doch allenfalls der Umstand, dass der erschossene Sperling, nachdem er, solange die Ermittlungen noch liefen, in einem Gefrierschrank im Justizministerium aufbewahrt wurde, mittlerweile ausgestopft auf einer Kiste Dominosteine im Naturkundemuseum von Rotterdam steht.

Als Teil der Ausstellung: „Tote Tiere mit einer besonderen Geschichte" ist ihm seither ein bleibender Platz in der Erinnerungsbewirtschaftung gesichert, neben dem Marder aus dem Teilchenbeschleuniger des Cern und der mumifizierten Fledermaus aus einer Cornflakespackung, Zivilisationsopfer allesamt.

Bild: Beni Tschopp

Der eine Spatz, der dem einen Freund im Rücken sass, auf dem halbierten Rundholz in der Sonne.

Und wir davor, doch von der gleichen Sonne beschienen und so lange jetzt schon, nicht nur an diesem Tag. Woran erinnern wir uns? An das „zu viel", an das „zu wenig"? Auch zu uns kam ja das hiesige Münster mit und dank des vielen Lichtes über das Wasser herüber. Und so versuchte ich denn, hinzuhören zu ihm und hinzusagen auf ihn hin, woran ich hing und nagte, wovon ich glaubte, zu wissen. Von den Kindern, vor allem anderen. Und er war es denn auch, der mir nur wenige Tage später das allererste selbstgemalte Spatzenbild schickte, das sein Sohn gezeichnet hatte, für mich, den fernen, unbekannten Freund seines Vaters. Woran werden sich unsere Kinder erinnern? Das Licht wird wohl immer noch das Münster herübertragen übers Wasser, und dort, hinter einer Bank, wird wohl auch dann noch ein Sperling sitzen. Doch wovon unsere Kinder einander erzählen werden, das wissen wir nicht. Nicht einmal, ob sie sich im Lauf der Zeit an überhaupt noch etwas erinnern werden, wer wir waren, ist sicher. Wie der grosse Königsberger Philosoph schrieb, muss man bereits die Spatzeneier vertauschen, um den Vögeln ein anderes Gesangsmuster einzuprägen, doch für das Umschreiben und Übermalen der Kindheitserinnerungen wird es wohl tatsächlich genügen, sie nur lange genug ausschliesslich einer anderen Erzählung auszusetzen.

Dass es aber die Wahrheit gibt, bleibt fraglos. Wir sassen auf der Bank in der Sonne am Fluss, und hinter dem Freund sass – und auch er sass lange dort – auf einem halbierten Rundholz ein Spatz, und auch er sass in der einen Sonne, wie wir.

In Idaho, USA, fielen in der Nacht auf den Dreikönigstag die Temperaturen so rasch, dass auf Wasserleitungen sitzende schlafende Vögel festfroren.

Die Minuswerte von 25 °C im Windschatten wichen nicht nur deutlich vom statistischen Durchschnitt ab, sondern erwischten die unter freiem Himmel campierenden Feldspatzen sozusagen „auf dem falschen Fuss". Dass solch sprachliches Kalauern einen lebensbedrohlichen Kern nur spärlich bemäntelt, wird spätestens beim Anschauen eines im Internet zugänglichen Videos ersichtlich, das einen passer montanus zeigt, dem desgleichen widerfahren ist. Wohl vermag der Farmer den Federbollen noch vom Wasserrohr, auf dem dieser sitzt, zu lösen, doch seine Füsse bleiben wie festgeklebt verhaftet dem Grund, der ihnen doch zunächst Halt gab und Gleichgewicht und so hinreichend Platz für die Nacht. Und so blieb denn der Spatz dort sitzen und krallte sich in Traum und Wind fest. Doch wie es ihn gerade darin zugleich trog, wie der Spatz, zeit seines Lebens gewohnt, sich nächtlich selbst schlafend aufrecht zu halten allein Dank der festgeklammerten Krallenfüsschen, und wie er jetzt flattert, ohne auffliegen zu können.

Wär' nicht ein Mann gekommen, sich ein Herz genommen und den bibbernden passer in seiner wärmenden Hand gehalten hätte, während er auf das eisige Rohr hauchte, wieder und wieder, bis die Eisblumen schwanden und das Rohr die Füsse freigab, einen nach dem anderen. Und wie der Mann im Film dann die Hand öffnet, ganz zuletzt, und dem Spatz, sich selbst und so auch mir zusagt: „Siehe, da fliegt er!"

Der Feldsperling heisst in weiten Teilen Nordamerikas „German sparrow", um ihn vom sogenannten „native American tree sparrow" und den weitverbreiteten „English house sparrows" abzugrenzen.

Tatsächlich stammt die heutige Population wohl kaum ausschliesslich von den zwölf im April 1870 aus Deutschland eingeführten Feldspatzen ab. Doch die nationalen Attribute sind ihnen ja auch weniger beigegeben, um eine ursprüngliche Herkünftigkeit zu behaupten, als vielmehr zur Veranschaulichung ihrer vermeintlichen Unterschiede. Dass Menschen dazu in ihren Sprachen auf geographische Einteilungen zurückgreifen, auf politisch-historische Grenzziehungen, erstaunt, zumindest wenn ich bedenke, dass Vögel doch fliegen können, hinweg über Mauern und Zäune mit weit grösserer Leichtigkeit noch als über Meere und Berge. Und die so gerne mittransportierte Idee, dass es sich bei „Deutschen", „Amerikanern" und „Engländern" um soziokulturelle Gemeinschaften handle, in denen sprachliche Verständigungsprozesse den Zusammenhalt stiften und schützen, überzeugt mich mit Blick auf die Spatzen auch nicht. Im Hinhören auf ihren Gesang klingt in mir, gleich welcher genetischen Rasse oder Kulturnation sie angehören mögen, stets Novalis' Mantra mit: „Wo gehen wir hin? Immer nach Hause. Immer nach Hause."

Und so bleibt mir die Musik der Spatzen: Ich brauche weder Worte noch Erfahrung, um sie zu verstehen, und weiss folglich in keinster Weise, was sie bedeutet.

Die Feldspatzen brüten nicht an der türkischen Westküste, wohl aber ziehen sie sich dorthin in den kältesten Wintermonaten zurück.

Wie ein solcher Ort beschaffen wäre, an den ich mich zurückziehen könnte, wenn es zu kalt wird, habe ich immer geglaubt zu wissen. Jetzt aber, wo ich seines doch drängender denn je bedarf, kommt er mir schon begrifflich, ganz sicher aber geographisch abhanden. Denn was sollte ich allen Ernstes in diesen Tagen in der Türkei finden wollen, und sei es auch am Meer, und sei es auch in Troja oder Pergamon, ja selbst in Ephesos, das ja auch schon längst nicht mehr am Meer liegt? Und all die Flüchtlinge auf dem Meer und die Wiedereinführung der Todesstrafe im Grössenwahnland und selbst der Kummer aller Kinder müsste aber doch an einem solchen tatsächlichen Rückzugsort schwinden, wenn nicht gar gänzlich verschwinden. Was mir nicht alles einfällt, wenn ich den ziehenden Spatzen übers Meer folge. Und wie tröstlich wären sie mir gewiss auch dort wieder, selbst dort, selbst jetzt. Dass sie aber dort nicht brüten, sondern dazu zurückkehren übers Meer, scheint mir klug. Es ist ihnen wohl schlicht zu heiss. Diese Momente, in denen ich mich aus der Hitze des Ufers zurückziehe in den Halbschatten, sind mir noch nicht die liebsten geworden. Von den Spatzen lernen. Eine Insel im äussersten Meer finden und zu ihr zurückfinden, wieder und wieder, mit dem Spatz, dank der Spatzen.

Am Rückzugsort aber wird nicht gebrütet. Nur auf einem schmalen Uferstück würde ich sitzen und dort, zwischen Land und Meer, gäbe es alsdann gewiss ein Kohlenfeuer und darauf Fisch und Brot.

Am Ende zivilisatorischer Restbestände wird aktuell die Alternative zwischen Neutronenbombe und elektromagnetischem Impuls erwogen.

Dass die Spezies Homo dergleichen erdacht hat, wirft so oder so wohl kein allzu gutes Licht auf unsere Klugheit, die ja, wie schon die Alten wussten, weit mehr wäre als allein die erforderliche Intelligenz, um ähnlich selbstverachtende Machwerke zu erdenken. Dass es auch anders geht, zeigt, mich wundert's nicht, einmal mehr ein Spatz. Hier nun einer, der in deutschaustralischer Forschungskooperation unlängst in Berlin verfrachtet wurde. Um zukünftig Forschungen an weicher Materie, Fest-Flüssig-Grenzflächen und Dünnschichten zu ermöglichen, wurde ein Neutronenreflektometer in mehr als 250 Einzelteile zerlegt, auf 40 Holzkisten verteilt und in drei Überseecontainer verpackt. Am Bestimmungsort Sydney angekommen, wird das tonnenschwere Gerät derzeit wieder zusammengebaut, um fortan auf der anderen Seite der Erde zu erforschen, was die Welt im Innersten zusammenhält.

So oder so freut mich, dass die australischen Wissenschaftler beschlossen haben, entgegen ihren Gepflogenheiten traditioneller Nomenklatur dem wieder zusammengebauten Instrument als Reminiszenz an seine Herkunft einen deutschen Namen zu geben. Dass „Neutronen" und „Deutschland" fortan unter dem Namen „Spatz" aneinandergefügt werden, um in den Tiefen der Materie und in schwerem Wasser zu forschen, das öffnet zumindest mehr als nur zwei Zukunftsvarianten.

Und im Wiederfinden und Wiederlesen erst, auch der eigenen Randnotizen, finde ich jetzt in den „Bahnhofsspatzen" Kunzes neben den Sperlingen etwas von mir wieder.

Denn die schöne Schlichtheit der beiden Terzette lässt mich zunächst lächeln, und dann im Lesen der Pointe auch jetzt wieder auflachen. Ja, so leicht liest sich der geniehaft gehörte Berufswunsch der Bahnhofsspatzen, die allesamt Schaffner werden wollen, um das Kommen und Gehen der Züge zu markieren. Und auch wieder ja, so innig und inwendig hat er ihnen zugeschaut, dass sie ihm, so will mir scheinen, gezeigt haben, was sie von dem Baum am Bahnhof halten: „ihr liebster ist's", so dass er dem hin- und hindurchschauenden Dichter zum „Spatzenbaum" wird, von dem ich doch gemeint hatte, – oh, Hybris! –, ihn gefunden zu haben. Wie tröstlich aber ja zugleich, dass schon Kunze den Baum ins Unbestimmte stellt und neben die vielen denkbaren anderen seinesgleichen, einen hier und andere anderswo auffindbare. Und wie schön, wie eben unsagbar oder eben gerade nur so mitsagbar, ist mir auch hier wieder die Vagheit des zusammengesetzten Hauptwortes „Spatzenbaum" im Deutschen. Und es lässt mich froh werden, dass auch ich so den Baum vor lauter Spatzen nicht sehe und ihn gerade so zu Gesicht bekomme, und zugleich gehört er doch nicht ihnen, sondern allen, die ihn sehen, denn ungewiss ist in dem einen Wort für jetzt und alle aufgehoben, dass es vielleicht und allererst der Sperlingsschwarm sein könnte, der die Gestalt eines Baumes bildet, so dass die Leiber den Baum nicht bedecken, sondern er selbst sind.

Und darin und nur so darin auch heute noch einverstanden bin ich mit meinem damals gesetzten Fragezeichen am Rande des „sie pfeifen niemals eine Melodie".

Und gestern wieder die Spatzen am Fluss in B. Und von überall zugleich rund umher tschilpen sie mir den Himmel frei.

Und kaum setze ich mich auf eine der längs des ziehenden Wassers stehenden Bänke, hüpft ein Sperlingsweibchen mir in den Blick, der mit dem Wasser wandert, und äugt herauf zu mir. Und wir beide sind jetzt da. Und dann ja auch die jetzt herbeiflatternden Schwarmgefährten, wie sie einer ums andere hinzukommen und vor meinen Füssen beisammen sind, hüpfpickend, wehenden Schritts, jeder anders schön vor dem Glanz auf dem Wasser. Und dann, wie auf einen inneren Zuruf, fliegen sie alle zugleich auf und schwirren davon. Ich werde wohl noch eine Weile hier sitzen bleiben. Hatte nicht der eine auffliegende Spatz noch einmal zurückgeblickt, im Wind den braunschwarzen Kopf akrobatisch über die schlagenden Flügel gewendet, mich so mit sich nehmend, weiterziehend?

„Ganz gewiss ist das so, immerzu", sagt mir mein Spatzenhirn.

Bild: Anja Ganster

Bilder und Fotografien

Hans Georg Aenis
Bildender Künstler aus Basel: www.hansgeorgaenis.ch

Niels Blaesi
Freischaffender Illustrator aus Luzern: www.nielsblaesi.ch

Anja Ganster
Lebt und arbeitet in Binningen: www.anja-ganster.com

Nadine de Mol
Jahrgang 1974. Polydesignerin 3D und freischaffende Künstlerin. Lebt mit Mann und zwei Söhnen in Muttenz bei Basel: www.nadinedemol.ch

Regula Rappo-Raz
Lehrerin für Bildnerisches Gestalten und Sprache. Arbeitet im Bereich Projektentwicklung und Kunst.

Guido Schärli
Fotograf aus und mit Leidenschaft. Immer mit der Hoffnung auf das ultimative Bild. Im Mittelpunkt des Interesses: Der Mensch und seine Landschaft: www.foto-schaerli.ch

Benni Tschopp
Freischaffender Illustrator, der sich mit zeichnerischen und malerischen Mitteln in den Bereichen Illustration, Animation und Grafik bewegt. Lebt und arbeitet in Bern: www.jamjopp.com